AF330253

4565.

Ligne : Bocquet de Chant[illegible]

F. 4452. 8?
2.

F

86140

PLAISIRS,

VARENNES,

ET

CAPITAINERIES.

A PARIS,

De l'Imprimerie de PRAULT, Pere,
Quai de Gévres, au Paradis.

M. DCC. XLIV.

de la Capitainerie de S. Germain en Laye, au sujet de quelques contestations récemment élévées au Conseil & promptement dissipées. Le succès a répondu à mes vœux : Des Particuliers, des Corps entiers ont succombé. Me sera-t-il aujourd'hui permis de réünir cette même défense, sous un seul point de vue ? J'espere que cet Ouvrage fera connoître qu'il n'y a rien de plus fixe & de plus autentique que les Principes qui régissent les Capitaineries Royales : Principes infiniment simples, mais, jusqu'à présent, si noyés, si peu développés, & présentés d'une maniere si confuse, que l'on ne *sera* pas fâché, qu'un même coup d'œil puisse les trouver rassemblés & démêlés dans un Mémoire dont la briéveté & la méthode, répondront à l'importance de l'objet. Un autre fruit que produira cet ouvrage, c'est qu'à la vûe des Arrêts ou Décisions qu'il renferme, on doit se flatter de voir cesser à l'avenir tous Procès & toutes difficultés, dans une matiere uniquement consacrée aux Plaisirs.

J'ai l'honneur d'être, avec un très-profond respect,

MONSEIGNEUR,

Votre très-humble & très-
obéissant serviteur,
BOCQUET DE CHANTERENNE,
Avocat au Conseil, Lieutenant de Robe
Longue de la Capitainerie de Monceaux.

AVERTISSEMENT.

CE Mémoire a été fait pour résou-dre des Contestations élevées dans des Capitaineries Royales ; Contestations terminées par des Arrêts ou Décisions que l'on trouvera au nombre des Piéces justificatives. Dans le vû de l'un de ces Arrêts (1) rendu pour la Capitainerie de S. Germain en Laye le 11 Janvier 1744, sont rappellés en substance, plu-sieurs Principes de cet ouvrage.

(P. 123. & suiv.)

MEMOIRE

MEMOIRE

Sur les Plaisirs, Varennes &
Capitaineries des Chasses
de Sa Majesté.

ON peut réduire à quatre
Chefs principaux les diffé-
rentes matiéres qui sont propres
aux Capitaineries Royales.

Origine des Capitaineries,
premier Chef.

Jurisdiction des Capitaineries,
second Chef.

Nature des Charges, troisiéme Chef.

A

Privileges des Officiers, quatriéme Chef.

L'examen du premier Chef fera connoître l'ancienneté, le principe & l'objet des Capitaineries Royales.

Par le second, on verra quelle a été autrefois & quelle est aujourd'hui la Jurisdiction de ces Capitaineries.

La nature des Charges des Officiers qui composent ces mêmes Capitaineries, fera la matiere du troisiéme examen.

Enfin les Privileges attachés aux Officiers qui sont commis par SA MAJESTE' pour la garde de ses Plaisirs ; Quatriéme Chef qui fera traité en peu de mots.

Il n'y a point de difficulté fur aucun fait de Capitaineries Royales ; point de doute ; en un mot, point de queſtion (telle qu'elle puiſſe être) qui ne trouve ſa déciſion dans l'examen & dans l'indiviſibilité de ces quatre points capitaux.

Cette matiere porte ſa recommandation par elle - même : Au fonds, & dans la forme, tout eſt grand, tout eſt reſpectable. Au fonds, il s'agit des Plaiſirs de SA MAJESTE' : Dans la forme, il s'agit de la maniere dont ces mêmes Plaiſirs doivent être régis & maintenus par la Juſtice.

Il s'agit enſuite de ſçavoir, quelle eſt la qualité des Officiers qui

compofent les Capitaineries, lorfqu'on les confidere par rapport à
la perfonne Augufte de Sᴀ Mᴀ-
ᴊᴇsᴛᴇ', & quelle eft enfin leur
qualité, lorfqu'on les confidere
par rapport aux autres Sujets.

Les Ordonnances Royaux font
ici l'unique fource des Decifions,
& le terme de toutes difficultés.
C'eft là que fe puife la veritable
intelligence de tout ce qui a rapport aux Capitaineries Royales;
c'eft là que réfide le droit primitif de la Chaffe, & même la dé-
finition de ce droit. Il y eft établi d'une maniere fi folide & fi
évidente, tant à l'égard des Maifons Royales, & des Forêts &
Plaines qui les environnent, qu'à

l'égard des Officiers prépofés pour les garder, qu'on ne peut, fans une extrême injuſtice, en conteſter l'execution dans aucun Chef.

Non ſeulement les Ordonnances ont fixé la nature & la juriſdiction des Plaiſirs, elles ont encore voulu que les Officiers qui y ſont employés, compriſſent par leur état & par leurs privileges, qu'on ne peut être appellé au ſervice des Plaiſirs, ni *par la venalité ni par l'hérédité*, mais par la volonté du Prince, qui les incorporant à ſa Maiſon (pour autant de tems qu'il lui plaît) leur tranſmet toutes les prérogatives de la Commenſalité.

Ces connoiſſances néanmoins

ne peuvent acquerir le degré de lumiere qui leur eſt néceſſaire qu'en les enviſageant dans leur fin principale ; c'eſt-à-dire , en conſiderant moins l'Officier en lui-même , que dans la perſonne de Sᴀ Mᴀᴊᴇsᴛᴇ́ qu'il a l'honneur de ſervir dans ſes Plaiſirs.

ORIGINE

DES CAPITAINERIES.

La Chaſſe en France eſt un droit & un plaiſir qui réſide dans la perſonne du Souverain , à titre de *proprieté* ; & dans la perſonne des Seigneurs , Gentils-hommes & Nobles ſur leurs Terres , à titre de *conceſſion*.

Sous les deux premieres Races,

on lit dans l'Hiſtoire que les Rois s'attachoient ſingulierement à l'éxercice de la Chaſſe ; qu'ils avoient attention d'y faire exercer, dans certains tems marqués, les Princes, leurs enfans ; & qu'il y avoit des Forêts Royales & des Varennes où la Chaſſe étoit ſévérement prohibée, parce que les Rois y prenoient leur *Plaiſir de Chaſſe ; Warennam liberam atque ſecuram, regali more.* *.

---

* Suivant Eginhard, Secretaire de Charlemagne, les Chaſſes d'Automne étoient ſolemnelles, & pour cet effet, les Forêts Royales devoient être *ſalvæ & defenſæ.* Cette *défenſe* du tems de Charles le Chauve, s'étendoit juſques ſur le Fils du Roy, & les Auteurs ou Juriſconſultes qui traîtoient alors cette matiere, eſtimoient que la tranſgreſſion d'une pareille *défenſe,* devoit moins ſe conſiderer par la cho-

Capitul. Car. Calv. chap. 34.

A iiij

Sous la troisiéme Race, ce point de droit public a été mis dans tout son jour. Les Forêts de la Couronne sont devenues absolument défensables. *L'occupation ou l'appréhension* des bêtes sauvages a cessé d'être regardée comme un moyen de les acquerir ; les Loix ont interdit toute espece de Chasse aux personnes d'un état serf, méchanique ou roturier. La Majesté du Législateur qui s'attribuoit ce *Plaisir* & cet *exercice* comme un délassement réservé au Thrône, a mis le Sceau à cette défense *.

se même, que par proportion à la Majesté de celui qui décernoit la *défense*, *MAJESTATE INTERDICENTIS.*

* Philippes le Bel en 1311. & Char-

Enfin la vue du bien public ayant fait connoître combien la défenſe de la Chaſſe étoit fon-dée ſur le véritable intérêt de l'Etat, on a compris, d'une part, qu'il y a des cas où le Droit civil peut temperer le droit des gens , & le faire plier au bien de la Nation ; & , d'autre part, on a reconnu que le Prince , en défen-dant la Chaſſe , procuroit l'abon-dance & la ſûreté du Royaume ; parce que dans le tems qu'il ſe réſervoit un Plaiſir , qui n'eſt ja-mais plus entier, que lorſqu'il n'eſt

les le Bel en 1321. ordonnerent par Teſtament, *Que Recompenſes ſeroient faites , en argent , à certains Particu-liers, voiſins de leurs Foréts, pour le dom-mage que leur ont fait les bétes rouſſes & noires.*

François I.
Mars 1515.

point partagé , il empêchoit *les Laboureurs de déserter leurs charrues , les Artisans leurs métiers, & les Marchands leur commerce.*

Mais si la plenitude & le droit primitif de la Chasse réside dans la personne du Souverain à titre de *propriété* , il a voulu néanmoins qu'à titre de *concession* les Seigneurs , Gentils-Hommes & Nobles eussent la faculté de chasser sur leurs Terres, pourvû qu'ils observassent les distances convenables à l'égard des PLAISIRS, les tems propres pour chaque espéce de Chasse & les usages prescrits par les Ordonnances.

François
I. Orden.

François I. a consideré *que les*

Nobles après avoir exposé leurs personnes, tant au fait des guer-res, qu'ailleurs, au Service du Prince & autour de sa Personne, n'avoient point d'autre ébat, récréation, ni exercice approchant celui des armes, qu'ès Chasses. du mois d'Aoust 1533.

Mêmes expressions dans la bouche d'Henri III. qui définis-sant la Chasse, l'appelloit UN PLAISIR QUI NOUS DOIT ESTRE RE'SER-VE' & aux Princes, Seigneurs & Gentils-Hommes, pour les ré-créer en tems de paix, au retour des guerres, ... comme chose plus que nulle autre approchante le fait des armes & bienséante à la Noblesse. Henri III. Ordon. du mois de Decembre 1581.

Henri IV.
Ordonn-
Jan. 1600.
Juin 1601.
Juil. 1607.

Henri IV. a rendu ces differentes notions encore plus distinctes, sans y rien changer quant au fonds. Il a remarqué d'abord *que les Rois ses Prédecesseurs se proposant de réprimer la licence qu'un chacun s'est voulu de tout tems attribuer, de chasser indifferemment partout, ont fait à cet égard plusieurs belles Ordonnances qui ont été inviolablement entretenues & gardées jusqu'aux guerres civiles. Depuis qu'il a plû à Dieu nous donner une bonne paix :* (ajoute Henri IV. Ordonnance du mois de Janvier 1600.) *Nous n'avons rien tant desiré que d'établir de bons & assurés Reglemens au fait des Chasses, à ce que nous puissions, avec les Princes & notre Noblesse, parmi cette tranquillité,* JOUIR DE CE PLAISIR, QUI NOUS DOIT ESTRE RE'SERVE'.

De-là, trois dispositions principales qui ont été renouvellées par l'Ordonnance de 1669.

La premiere concerne les Forêts, Buissons, Garennes & Plaines du Roi. Ni le Noble, ni le Gentil-Homme, ni le Seigneur de Fief ou de Paroisse, ni le Haut-Justicier ne peuvent chasser dans ces endroits qui sont DEFENSABLES à l'égard de toutes personnes, de quelque qualité & condition qu'elles puissent être.

Par la seconde disposition, sui-

LouisXIV. Ordonan. des Eaux & Forêts, Aoust 1669.

Art. 13. & 20.

Art. 14. 15. & 17.

vant les lieux, suivant les distances, & suivant les tems, il y a
des Chasses concédées par le
Prince aux Seigneurs & Gentils-
Hommes.

Art. 28. Enfin troisiéme disposition,
c'est qu'en tout lieu & en tout
tems, toute Chasse est défendue
aux *non-Nobles & Roturiers, tant
d'Eglises, que Marchands, Artisans, Laboureurs, Paysans &
autres telle sorte de gens.*

Il y a donc des lieux certains,
renfermés & circonscrits dans des
limites certaines, où la Chasse est
absolument consacrée aux PLAI-
SIRS DE SA MAJESTE'.
On nomme ces lieux PLAI-
SIRS ou CAPITAINERIES. PLAI-

sirs, parce que le Roi les defti-
ne à l'exercice & au *Plaifir* de fa
Chaffe perfonnelle. Capitaineries, parce que le Roi y éta-
blit des Capitaines qui doivent
veiller & faire veiller à ce que
perfonne ne puiffe préjudicier aux
Plaisirs de Sa Majefté.

S'il n'y a rien de plus interef-
fant pour la Nation, que la confervation de l'Augufte Perfonne
du Roi, ne doit-on pas ajouter,
en même tems, qu'*il n'y a rien* LouisXIV.
de plus jufte que de garder la Declar. 12.
Oct. 1699.
Chaffe pour fes Plaisirs, foit
dans les Lieux qui environnent
les Maifons Royales, foit dans
les Forêts & Plaines, où Sa Ma-
jefté eft portée *d'affection & vo-* Henri IV.
lonté à prendre le Plaifir & ré- 15. Mai
1597.

création de la Chasse ?

Autrefois, quand les Comtes d'Artois avoient chassé ou fait chasser dans leurs Forêts, les Seigneurs particuliers qui avoient des bois au tour de ces Forêts, ne pouvoient y chasser que trois jours après la Chasse des Comtes d'Artois, parce que le Gibier s'étant *épavisé*, il falloit qu'on eût le tems de le *rechasser*. Non seulement les Forêts des Comtes d'Artois étoient *défensables* de plein droit, mais même dans le tems de leurs Chasses, les bois adjacens à ces Forêts étoient interdits aux Seigneurs voisins *.

* Dans le Duché de Bourgogne, suivant le Droit commun établi par la Coutume, la Chasse dépendoit abso-

Tel

Tel eſt l'eſprit qui a inſpiré les Reglemens propres aux *Capitaineries.* On a jugé que le Gibier ne pouvoit être mieux conſervé

lument des Ducs de Bourgogne , ch. 13. art. 7. *Au regard du fait de la Gruyrie & de la Chaſſe , l'on s'en remet aux Ordonnances ſur ce faites & à faire par les Ducs de Bourgogne.*

Les Commentateurs des Ordonnances ont remarqué que celle d'Orléans, en parlant de la Chaſſe , avoit eu quatre objets principaux (les perſonnes, les Terres , la qualité des bêtes & le tems de la Chaſſe.)

S'agit-il des Terres ? Le lieu deſtiné à la Chaſſe de Sa Majeſté eſt un lieu *défenſable.*

S'agit - il *de la qualité des bêtes ?* L'intention du Legiſlateur eſt que les *bêtes rouſſes & noires* ne puiſſent préjudicier à ſes Sujets. Il leur permet au contraire de les *chaſſer de leurs Terres & dangers, à cris & jets de pierres, lorſqu'ils les trouveront en dommage , ſans toutefois les offenſer.* Ces derniers mots de

B

qu'au moyen d'une parfaite tranquillité dans les Plaines & dans les Forêts qui composent l'étendue des *Plaisirs*, & que pour parvenir à cette tranquillité, la Chasse à cor & à cri accordée aux Seigneurs, Gentils-Hommes & Nobles sur leurs Terres, la permission de tirer de l'arquebuse sur toutes sortes d'oiseaux de pas-

de l'art. 137. de l'Ordonnance d'Orleans, SANS TOUTEFOIS LES OFFENSER, (*abigere debet sine damno*) énoncent bien clairement que les *bêtes rousses & noires* appartiennent tellement au Prince, qu'on ne peut les *offenser*, sans encourir sa disgrace & sans attenter à ses *Plaisirs*.

Vid. (dans l'Edition de Neron de 1710.) la remarque tirée de M. du Chalard, Avocat au Conseil, sur cet art. de l'Ord. d'Orleans, & la conference qu'il a faite de cet article avec la Loi 39. Dig. *ad legem Aquiliam.*

fage & de gibier, & la liberté de tirer en volant, ne devoient avoir lieu que dans la diftance exprimée par les articles 14. 15. & 17. de l'Ordonnance de 1669.

De là font venues les trois dénominations de lieux *défenfables, Varennes* & *Plaifirs*, ce qui ne fignifie que la même chofe, ainfi qu'il eft aifé de le voir par la création de la *Varenne* du Louvre; fous le Regne d'Henri IV. en 1594.

Nos Prédécefeurs Rois ayant agréé la demeure & particuliere habitation d'aucune des Villes & Châteaux de Notre Royaume, avoient établis & choifis ... des VARENNES * *pour y prendre leur*

* Ducange & les premiers Hiftoriens

Plaisir de Chasse ; & à cet effet commis des Officiers pour la gar-

de la Monarchie rapportent que dès le tems de Clovis il subsistoit des Varennes. *Rex ergo Clodovæus . . . regali more, decrevit scripto atque sigillo, eamdem quam nuperrimè incipiebant, Ecclesiam, cum omni Varennâ quam Matrona gyrat fluvius. . . . . irrefragabiliter ab omni inquietatione perpetuò manere liberam atque securam.*

Le mot de *Varenne* est synonime avec le mot de Vivier. *Varenna seu Vivarium.* Lorsqu'il s'agit des Particuliers, on appelle ce Vivier une Garenne. Mais lorsqu'il s'agit des Souverains, on a retenu le mot de *Varenne à toutes bêtes & oiseaux.* Vid. Ducange.

Les Romains, & les Grecs avant eux, connoissoient deux sortes de Chasses : L'une des Bêtes qui vaguent, l'autre des Bêtes encloses dans un *Parc, Vivier, Varenne* ou *Paradis.* Cette derniere espece de Chasse étoit familiere aux Rois de Perse.

Vivaria ferarum primus togati generis invenit Fulvius Hirpinus, qui in Tar-

de & conservation du Gibier, étant
esdites *V arennes*.... au moyen de
quoi avons advisé, afin que puissions commodément prendre & recevoir les *Plaisirs* de la Chasse,
établir une *Varenne* en l'une des
Plaines ès environs de notre bonne
Ville de Paris ..... Créons, ordonnons, établissons en la Plaine étant
ès environs de notredite Ville de
Paris, que nous voulons s'étendre
à commencer ès Fauxbourgs Saint
Germain des Prez............ auquel circuit & Plaine, que nous
voulons être doresnavant la *Varenne du Louvre*, afin qu'il y

quinensi pascere instituit. (Plin. Lib. 8.
cap. 5.)

Simili *Venationis genere delectabatur
Gratianus Imperator*. (Dio. Chris.
Lib. 31.)

ait plus grande quantité de Gibier, & s'en puiſſe conſerver à l'avenir, ſans y être chaſſé ni épouvanté. . . . . . Faiſons DEFENSE *à toutes perſonnes . . . . . de chaſſer à l'avenir dans ladite* VARENNE *. . . . encore qu'ils ayent Terres & Héritages en icelle.*

Sur quoi il faut remarquer que les Capitaineries s'étant infiniment multipliées ſous les Régnes précédens, Louis XIV. jugea à propos de les réduire à un nombre certain au mois d'Octobre 1699. Trois motifs déterminerent cette réduction.

1°. L'attention du Souverain au ſoulagement de ſes Sujets.

2°. La vue générale de procurer à la Nobleſſe un des plus

honnêtes Plaisirs qu'elle puisse avoir.

3°. La vue particuliere de faire cesser les obstacles & les differens *prétextes qui privoient les Seigneurs de Fiefs ou Haut-Justiciers d'un droit qui leur est acquis par les Ordonnances* *.

* Ce n'est qu'en vertu des Ordonnances que les Seigneurs jouissent de la Chasse sur leurs Terres. *Le droit d'y pouvoir chasser* ne leur est point acquis ni par le Fief, ni par la Haute-Justice : Il leur est *acquis par les Ordonnances.*

Permettons à tous Seigneurs....de chasser dans leurs Forêts, Buissons, Garennes & Plaines : Suivant cette premiere disposition, la Chasse est permise à tous Seigneurs....Mais pour déterminer ensuite entre le Seigneur de Fief & le Haut-Justicier, comment ils doivent se regler l'un vis-à-vis l'autre, il a été nécessaire de faire connoître, jusqu'à quel point l'un & l'autre devoient participer à cette faculté, à

Ces differens motifs donnerent lieu à la Déclaration de
1699. (*Nous avons refolu d'expliquer nos intentions par une feule & même Déclaration , qui étant
connue de tous nos Sujets , puiffe
fervir de Loi générale à l'avenir ,
& prévenir toutes les conteftations qui pourroient naître fur ces
matieres*).

En conféquence de cette Déclaration, le nombre des Capi-

cette *permiffion* & à ce *droit acquis
par les Ordonnances.* Ord. de 1669.
tit. 30. art. 26.

Lorfque les Tribunaux de la Juftice fe trouvent dans le cas de prononc-
cer fur le droit ou des Seigneurs de
Fief, ou des Hauts-Jufticiers , leurs
décifions font toujours fondées fur la
permiffion de chaffer, telle qu'elle eft
conçûe , declarée & limitée dans l'Ordonnance de 1669.

ries réservées fut exprimé, & il fut dit que les *Edits & Ordonnances y seroient executés selon leur forme & teneur.*

Capitaineries réservées par la Déclaration du 12 Octobre 1699.

Varenne du Louvre.

Bois de Boulogne.

Vincennes.

Saint Germain en Laye.

Livry.

Fontainebleau.

Monceaux.

Compiegne.

Chambor.

Blois.

Halatte.

Corbeil.

Limours.

On a déja vû que la teneur

des Edits & Ordonnances , fur le fait des *Plaifirs,* fe réduit à quel-ques objets bien fimples. Le titre 30. de l'Ordonnance de 1669. en contient la fubftance , articles 8...13.14. 15.16. 17... 20. 21...23. & 24.

Art. 8. *Défendons à toutes per-fonnes de prendre en nos Forêts , Garennes, Buiffons & Plaifirs, au-cuns aires d'oifeaux, de quelque efpece que ce foit ; & en tout au-tre lieu , les œufs des Cailles , Per-drix & Faifans , à peine de* 100. *liv. pour la premiere fois, du dou-ble pour la feconde , & du fouet & banniffement à* 6 *liches de la Forêt pendant cinq ans, pour la troifiéme.*

Art. 13. *Faifons très-expref-*

ses, inhibitions & défenses à tous Seigneurs, Gentils - Hommes, Hauts-Justiciers & autres personnes de quelque qualité & condition qu'ils soient, de tirer ou chasser à bruit dans nos Forêts, Buissons, Garennes & Plaisirs, s'ils n'en ont titre ou permission, à peine contre les Seigneurs de desobeissance & de 1500 liv. d'amende, & contre les Roturiers des amendes & autres condamnations indictes par l'Edit de 1601, à la réserve de la peine de mort, ci-dessus abolie à cet égard.

Art. 14. Permettons néanmoins à tous Seigneurs, Gentils-Hommes & Nobles de chasser noblement à force de chiens & oiseaux dans leurs Forêts, Buissons, Garennes &

Plaines, pourvû qu'ils soient éloi-
gnés d'une lieüe de nos Plaisirs, même aux Chevreuils & bêtes noires,
dans la distance de trois lieües.

Art. 15. Leur permettons aussi
de tirer de l'arquebuse sur toute
sorte d'oiseaux de passage & de
Gibier, hors le Cerf & la Biche, à
une lieüe de nos Plaisirs, tant sur
leurs Terres, que sur nos Etangs,
Marais & Rivieres.

Art. 16. Interdisons la Chasse
aux chiens couchans, en tous
lieux, & l'usage de tirer en volant
à trois lieues près de nos Plaisirs,
à peine de deux cens livres d'a-
mende pour la premiere fois, du
double pour la seconde, & du tri-
ple pour la troisiéme, outre le ban-
nissement à perpétuité hors l'étendüe de la Maîtrise.

Art. 17. *La liberté de tirer en volant à trois lieües de diftance de nos Plaifirs , ne fera que pour les Seigneurs , Gentils-Hommes , Nobles , ou Seïgneurs de Paroiffe.*

Art. 20. Défendons à toutes per-fonnes de quelque qualité & condi-tion qu'elles foient, de chaffer à l'ar-quebufe ou avec chiens, dans l'éten-due des Capitaineries de nos Mai-fons Royales de Saint Germain en Laye , Fontainebleau , Chambor , Bois de Boulogne,Vincennes,Livry, Compiegne. & Varenne du Lou-vre, même aux Seigneurs Hauts-Jufticiers & tous autres , quoique fondés en titres ou permiffions gé-nérales ou particulieres, Declara-tions , Edits & Arrêts que nous revoquons , à cet égard , fauf à

nous d'accorder de nouvelles per-
miſſions, ou renouveller les an-
ciennes, en faveur de qui bon nous
ſemblera.

Art. 21. *Nos Sujets qui ont
Parcs, Jardins, Vergers & autres Héritages clos de murs dans
l'étendue des Capitaineries de nos
Maiſons Royales, ne pourront faire en leurs murailles aucuns trous,
couliſſes ni autre paſſage qui
puiſſe y donner l'entrée au Gibier, à peine de 10 liv. d'amende, & s'il y en avoit aucuns de
faits preſentement, leur enjoignons
de les boucher inceſſamment, ſur
la même peine.*

Art. 23. *Défendons à tous nos
Sujets, ayant des Iſles, Prés &
Bourgognes, ſans clôture, dans*

l'étendue des Capitaineries de Saint Germain en Laye, Fontainebleau, Vincennes, Livry, Compiegne, Chambor & Varenne du Louvre, de les faire faucher avant le jour de Saint Jean Baptiste, à peine de confiscation & d'amende arbitraire.

Art. 24. Faisons défenses à toutes personnes de faire à l'avenir aucuns Parcs & clôtures d'Héritages en maçonnerie dans l'étendue des Plaines de nos Maisons Royales, sans notre permission expresse.

Ces differens articles se rapportent à deux objets principaux.

1°. A la maniere de conserver les Plaisirs, rélativement aux Sai-

fons , à la tranquillité des Forêts ;
aux aires d'oifeaux , aux œufs de
Cailles Perdrix & Faifans , à la
fauche des Ifles , Prés & Bourgognes , aux Parcs & clôtures
d'Héritages , & rélativement enfin à tout ce qui peut contri-
buer à l'entretien de la Chaffe
réfervée à Sa Majefté.

2°. A la maniere dont ces mêmes Plaifirs doivent être confervés vis-à-vis les Seigneurs, Gentils-Hommes & Nobles qui ont
leurs Terres ou dans l'enclave,
ou dans le voifinage des Capitaineries.

Le PLAISIR refervé au Sou-
VERAIN dans une étenduë limitée & connue, effaçant de droit
la faculté de chaffer, qui ne fub-

siste en la personne du sujet qu'à titre de concession ; il en résulte une conséquence certaine, c'est que (selon ce qui vient d'être remarqué) *la Chasse n'est permise aux Seigneurs, Gentils-Hommes & Nobles*, que lorsqu'ils ont des Terres *éloignées d'une lieüe des Plaisirs*, & qu'ils n'ont même la *liberté de chasser aux chevreuils & bêtes noires à cor & à cri, ou de tirer en volant, que dans la distance de trois lieües.*

Quant au Cerf & à la Biche, personne n'ignore que c'est une Chasse qui n'appartient qu'au Roi seul, dans toute l'étendue du Royaume *.

* Ordonnances des années 1600 & 1601. *Vid.* le tit. des Chasses, art. 15, Ordonnance des Eaux & Forêts.

JURISDICTION
DES CAPITAINERIES.

Pour faire executer les Reglemens qui concernent les Plaifirs,
& tenir la main aux differens
chefs des Ordonnances qui ont
prefcrit ce qui devoit être obfer-
vé dans les Capitaineries, il a été
néceffaire que dans chacune de ces
Capitaineries il y eût une Jurifdiction certaine & permanente,
où les délits de Chaffe fuffent
portés en premiere Inftance, &
où les rapports des Gardes fuffent
jugés.

Sous les Régnes de François I.
& d'Henri II. la connoiffance
des faits de Chaffe qui concer-
noient les Plaifirs, fut attribuée

tantôt aux Officiers des Eaux & Ordon .de 1538.
Forêts, tantôt aux Prevôts des
Maréchaux ; aux premiers, parce que la Chasse étoit regardée
comme une matiere dépendante
des Forêts ; aux seconds, parce
que les délits de Chasse qui se
commettoient dans l'étenduë des
Plaisirs, & qui attentoient en
quelque sorte à la personne même du Roi, étoient considerés
comme des contraventions ma-
jeures, dont la vindicte étoit cé-
lere & Prevôtable.

Néanmoins l'expérience ayant
fait connoître que la maniere la
plus sûre de réprimer les délits
de Chasse, étoit de confier cette
partie de la Justice à des personnes qui en fussent spécialement

& divifément chargées, la Jurifdiction des Capitaineries des
Maifons Royales reçut une nou-
velle forme, foit à l'égard des
Officiers qui devoient connoître
des délits en premiere inftance,
foit à l'égard des Appellations.

Les Ordonnances de 1600.
1601. 1607. font remplies de difpofitions fur cette matiere ; dès-
lors les Capitaineries de Saint
Germain en Laye & de Fontainebleau joüiffoient d'une prérogative particuliere.

Cette prérogative confiftoit
en ce que les procès des autres
Capitaineries fe pourfuivant &
s'inftruifant concurremment par
les Officiers des Capitaineries &
ceux des Maîtrifes, cette même

poursuite & cette instruction se faisoient à Saint Germain & à Fontainebleau par les Capitaines & leurs Lieutenans, *à la poursuite & diligence du Procureur du Roi de chacune desdites Capitaineries*, observant néanmoins d'y appeller les Lieutenans des Eaux & Forêts & autres Juges qui seroient à appeller, suivant les Ordonnances.

La raison de cette prérogative est exprimée dans ces Ordonnannances; *la résidence des Rois à Fontainebleau & à Saint Germain en Laye, & les Chasses frequentes qu'ils faisoient dans les Forêts dépendantes de ces deux Maisons, avoient fait faire une attention particuliere sur le choix des Ca-*

Ord.1600.
art. 27.
Ord.1601.
art. 27.

pitaines & des autres Officiers attachés à ces Capitaineries, qui par
leur caractere, autorité & con-
noissance au fait des Chasses, assu-
roient l'execution des Ordonnances.

Mais ce qui étoit spécialement
attribué dans l'origine aux Capitaineries de Saint Germain & de
Fontainebleau, devint par la suite
le droit commun des autres Capitaineries de Maisons Royales,
tant pour le RESSORT DE L'AP-
PEL, que pour les Jugemens &
Instructions en PREMIERE INS-
TANCE, sans concurrence ni pre-
vention : ainsi qu'il résulte de la
Déclaration du 5 Mai 1656, & de
l'Ordonnance des Eaux & Forêts,
titre des Chasses art. 32. & 33.

RESSORT DE L'APPEL.

Par la Declaration de 1656 il eſt dit que les Capitaines & Officiers des Chaſſes, (*Varenne du Louvre*, *Bois de Boulogne*, *Saint Germain*, *Verſailles*, *Fontainebleau & même Chantilly*) *tant en matiere civile que criminelle pour raiſon deſdites Chaſſes, procederont au Jugement de tous les procès incluſivement......ſauf l'appel évoqué & reſervé à Sa Majeſté ou à ſon Conſeil, pour être jugé & terminé en dernier reſſort.*

Henri IV. avoit autrefois réſervé l'appellation des Jugemens rendus par les Capitaines des Chaſſes dans l'étenduë des Plaifirs, à Sa Perſonne. Enſuite le Parlement & le Grand Conſeil en eurent ſucceſſivement la connoiſſance ; mais Louis XIV. déſirant rendre l'execution des Ordonnances *plus exacte & moins ſuſceptible de ſollicitations*, a rétabli les choſes dans leur premier état.

Pour cet effet, il a voulu que s'agiſſant dans tous les délits de Capitaineries Royales de venger un Plaiſir réſervé à Sa Majeſté, la connoiſſance de ces délits fût réſervée au Conſeil: Même diſpoſition dans le Reglement du Conſeil de l'année 1738, où il eſt dit que ce qui ſe pratique *dans les appels des Ordonnances ou Jugemens des Sieurs Intendans & Commiſſaires*

Louis XV. Regl. du Conf. part. I. Tit. 8. art. I. 2. & 4.

miſſaires départis ou autres Com-
miſſaires du Conſeil, ſera executé
à l'égard des appels des Juge-
mens rendus dans les Capitaine-
ries Royales; (les uns & les au-
tres ne pouvant être relevés qu'au
Conſeil).

Par-là ſe conçoit ſans peine combien il a été trouvé eſſentiel, ſous les deux derniers Régnes, de rendre la Juriſdiction des Capitaineries Royales indépendante de tout ce qui en pouvoit traverſer ou retarder les Jugemens.

PREMIERE INSTANCE.

Mais ce n'étoit pas aſſez que l'appel des Plaiſirs fût évoqué au Conſeil, il étoit également important de faire ceſſer toute voie

de prévention ou de concours,
qui auroit pû nuire au premier
degré de Jurifdiction. Il y a été
pourvu par la difpofition précife
des articles 32. & 33. du titre
des Chaffes , Ordonnance de
1669.

Louis XIV.
Eaux & Fo-
rêts tit. 30.
art. 32.

Art. 32. *Exceptons* (de la concurrence & prévention des Officiers des Eaux & Forêts) *les
Capitaines des Chaffes de nos Maifons Royales de Saint Germain en
Laye, Fontainebleau , Chambor,
Bois de Boulogne , Varenne du
Louvre & Livry que nous main-
tenons , & en tant . que befoin feroit , confirmons dans leurs titres
& poffeffion d'inftruire & juger à
la diligence de nos Procureurs en
ces Capitaineries, tous procès civils*

& criminels pour faits de chasse,
en appellant avec eux les Lieutenans de Robe - longue & autres
Juges & Avocats pour Conseil.

Art. 33. *Exceptons aussi les* Ibid. art. 33.
Capitaines des Chasses de nos
Maisons Royales de Vincennes &
Compiegne, & ceux dont les Etats
ont été envoyés par nous à la Cour
des Aydes depuis la Revocation,
ausquels nous attribuons pareille
Jurisdiction qu'à ceux de Saint
Germain en Laye, Fontainebleau,
Chambor & Varenne du Lou-
vre.

La premiere notion qu'il faut
prendre sur ces deux articles, est
de sçavoir sur quoi tombe l'exception qui les caracterise l'un &
l'autre.

En 1669. il y avoit deux fortes de Capitaineries :

Les premieres étoient des Capitaineries non Royales, qui ne
subsistoient qu'à la charge, par les
Officiers , de représenter des *ti-*
tres d'érection ou d'établissement.

Les autres au contraire exis-
toient, ou par le séjour actuel, ou
par la volonté du Prince, qui
tous les ans envoyoit à la Cour
des Aydes l'Etat des Officiers
y compris, *à l'effet de jouir des*
Privileges des Commensaux de Sa
Maison.

Dans les Capitaineries non
Royales, il y avoit concurrence
& prévention entre les Officiers
des Eaux & Forêts , & les Capitaines des Chasses ; c'est la dispo-

sition de l'article 31. du titre des Chasses , Ordonnance de 1669 *.

* Les Capitaineries des Chasses de l'apparage de Monsieur le Duc d'Orleans, subsistent encore (aux termes de la Declaration du 27. Juillet 1701.) sur le pied de Capitaineries non Royales , *avec permission aux Capitaines, Officiers & Gardes .... d'exercer leurs fonctions , ainsi & en la maniere qu'il est permis par les Edits & Ordonnances , & spécialement par l'Ordonnance du mois d'Août 1669. pour les Capitaineries non Royales* (le tout sous deux conditions).

1°. De ne pouvoir empêcher les Seigneurs Hauts - Justiciers ou les Seigneurs de Fief ayant Censives & Vassaux, de chasser, eux, & leurs enfans, ou amis, dans l'étenduë de leurs Hautes-Justices ou Fiefs. . . . .

2°. De ne pouvoir pareillement empêcher les Particuliers d'arracher les mauvaises herbes , de faucher leurs foins quand bon leur semblera ; ni les obliger à mettre des épines dans leurs Hérita-

Mais fuivant les articles 3 2. &
3 3. du même titre, qui contiennent une exception formelle à la
difpofition de l'article précédent,
il eft fenfible que la Jurifdiction
d'une Capitainerie de Maifon
Royale, n'eft point une Jurifdiction fujette à la prévention & au
concours des Maîtrifes *. C'eft

ges, d'attacher des landons au col de
leurs chiens, ni leur impofer d'autres
fujétions que celles portees par l'Ordonnance du mois d'Août 1669, à l'é-
gard des Capitaineries non Royales.

* Lorfque la Jurifdiction des Capitaineries étoit fujette à la prévention &
au concours des Maîtrifes, les faits
de Chaffes occafionnoient des Conflits & des Reglemens de Juges; fouvent même toutes les Capitaineries
du Royaume étoient obligées de fe
joindre enfemble pour demander des
Reglemens généraux qui étoient longs
à obtenir, & qui faifoient évanouir

une Jurifdiction qui fubfifte par elle-même, dans laquelle tout fe fait à la diligence du Procureur du Roi de la Capitainerie ; fur-vient-il une inftruction qui exige

les délits dans les involutions d'une procédure immenfe.

En 1620. Fontainebleau , Saint Germain, Evreux, Halatte, Mon-ceaux, Boulogne, Saint Cloud & plufieurs autres Capitaineries qui fub-fiftoient alors , fe réunirent pour ob-tenir un Reglement vis-à-vis les Maî-trifes des Eaux & Forêts.

NERON, tom. 2. p. 579.

Que réfultoit-il de ces Conflits, de ces Reglemens? On étoit longtems à fçavoir en quelle Jurifdiction l'on procéderoit. L'inftruction ne fe faifoit point, le délit & le délinquant s'é-clipfoient.

Aujourd'hui, plus de Conflits, plus d'incertitude, plus d'impunité. La Ju-rifdiction eft fixe, propre, indépen-dante ; d'un délit naît un Rapport, & d'un Rapport naît un Jugement.

la préfence d'un Officier de Robe-longue ? cet Officier n'eft appellé en ce cas, *que pour fervir de Confeil.* Il y a plus : dans la plûpart des Capitaineries de Maifons Royales fe trouvent créés des Lieutenans de Robe-longue (ou ce qui eft la même chofe) des Lieutenans Généraux de Juftice, ce qui a été fait dans la vûë d'adminiftrer la Juftice d'une maniere abfoluë & indépendante de toute Jurifdiction auxiliaire.

NATURE

DES CHARGES.

Un Officier de Capitainerie de Maifon Royale, peut-il prétendre que fa charge eft héréditaire, ou au contraire toutes les charges

charges des Officiers qui veillent aux Plaiſirs de Sa Majeſté, font-elles de ſimples Commiſſions révocables?

Comme tout doit ici ſe rapporter à la fin pour laquelle ont été inſtituées les Capitaineries de Maiſons Royales, il eſt évident que les Offices créés dans ces mêmes Capitaineries, n'ayant été établis que pour la conſervation des Plaiſirs de Sa Majeſté, le pouvoir de conſerver ou de changer les Officiers de ſes Chaſſes, *ſelon qu'ils ſe comporteroient dans leurs Charges*, a toujours été une condition inſéparable de ces ſortes d'Offices. Le Roi ne les a jamais créés ni *Venaux*, ni *Héréditaires*: Ce ſont de ſim-

ples Commiſſions revocables :
Dans aucun tems la Perſonne du
Roi n'a pû être ſoumiſe à l'immua-
bilité d'un Officier prépoſé (pour
la conſervation de ſes Plaiſirs.

Afin d'obvier à cet inconvé-
nient, on a eu recours à une for-
mule ordinaire, qui ſe trouve dans
toutes les proviſions que le Roi
accorde aux Officiers qui lui ſont
nommés par les Capitaines des
Plaiſirs (*& ce tant qu'il nous
plaira.*) *

La Loi eſt générale, les ma-

---

* Cette clauſe eſt commune aux
Officiers ſubalternes & aux Capitaines ;
les Proviſions qui furent accordées à
M. le Duc, le 4 Mars 1710. pour la
Capitainerie d'Halatte ont été inſe-
rées dans le Code des Chaſſes. On
y lit la clauſe (*& ce tant qu'il nous
plaira.*)

ximes font conftantes, & l'ufage conforme à cette Loi & à ces maximes nous apprend, que le Roi n'a jamais admis l'*Hérédité* dans les Offices de fes Capitaineries.

Que l'on confulte à ce fujet trois Monumens refpectables du fiécle paffé, qui font la Declaration du 24 Mai 1739. l'Edit du mois d'Avril 1676. & l'Ordonnance du 24 Janvier 1695. & l'on fera de plus en plus convaincu, que l'Hérédité a toujours été incompatible avec les Offices des Plaifirs.

C'eft dans la recherche de pareils Monumens que fe puifent des principes certains en cette matiere, & toutes les fois qu'on perd de vuë l'objet principal qui a contribué à la création & à la conservation des Capitaineries, pour se livrer à des faits particuliers. qui sortent de la regle, on eſt sujet à s'égarer.

Les Offices de nos Chaſſes (ce sont les propres termes de la Declaration de 1639.) *ſont Offices non venaux, parce qu'étant établis pour la ſeule conservation de notre Plaiſir, nous deſirons d'en pouvoir changer les Officiers à notre volonté, ſelon qu'ils ſe comporteront dans leurs Charges.*

La même intention ſe manifeſte dans l'Edit de 1676. donné pour l'Erection de la Capitainerie de Vincennes. Le tems de cette Erection eſt important à remarquer : Alors toutes les par ties qui devoient conspirer à la formation d'une Capitainerie de Maison Royale, étoient certaines & assurées, soit par rapport à la Jurisdiction, soit par rapport aux Officiers qui devoient la compo-ser, soit par rapport à la maniere dont ces Officiers devoient être pourvûs, conservés ou destitués.

L'Edit unit & incorpore à per-pétuité la charge de Capitaine des Chasses de la Capitainerie de Vincennes à celle de Gouver-neur du Château ; ce même Edit fait connoître la nature des Offi-ces créés pour les Capitaineries.

Erigeons une Capitainerie qui sera composée d'un Capitaine dont nous unissons & incorporons la Charge à perpétuité, à celle de

Gouverneur . . . d'un Lieutenant, d'un Procureur pour nous, Exempt, Greffier . . . . Jurifdiction en premiere Inftance, Appel en notre Confeil . . . . mêmes pouvoirs, mêmes fonctions, droits, exemptions, privileges, & immunités dont joüiffent les Commenfaux de notre Maifon, pour en jouir par eux, tout ainfi que les Capitaines & Officiers de nos Capitaineries de Boulogne, Varenne du Louvre & autres voifines en jouiffent . . . . Et d'autant qu'au moyen de l'union par nous faite, la nomination des autres Officiers & Gardes appartient à notredit Coufin, de même que celle des autres Capitaineries appartient aux autres Capitaines, nous pourvoirons auf-

dits Offices de Lieutenant, Procureur de nous, Exempt, Greffier, Gardes . . . . fur la nomination de notredit Coufin le Duc de
Mazarin & fes Succeffeurs, Gou-
verneurs & Capitaines dudit Vincennes, aufquels à cet effet, nous
en attribuons la nomination.

Cette Erection eft d'autant plus
décifive fur la Nature des Charges, qu'elle annonce clairement &
fans exception l'uniformité de
toutes les Capitaineries fur la véritable Nature des Offices dont
elles font compofées. Le Roi fe
réfervant de pourvoir aux Offices, réferve en même tems au
Capitaine le pouvoir d'y nommer ; & ce n'eft que fur la nomination attribuée au Capitaine

E iiij

& Gouverneur de Vincennes &
à ſes Succeſſeurs, *ainſi qu'elle eſt*
attribuée aux Capitaines des au-
tres Capitaineries , que Sa Majeſté pourvoira aux Offices de
Lieutenant, Procureur du Roi &
Greffier. . . . . D'où il ſuit que dans
toutes les Capitaineries Royales
indiſtinctement, on ne peut devenir Officier que par deux voyes
qui ſont uniformes & indiviſes :
voye de nomination, ce qui eſt
du fait dn Capitaine : voye de
proviſion , ce qui eſt du fait de
Sa Majeſté ; ſans néanmoins que
l'Officier ainſi nommé & pourvû,
puiſſe jamais ſe prévaloir de ſa nomination & de ſa proviſion, ou
pour ſe dire *héréditaire* , ou pour
ſe dire *irrévocable.*

Avant que cela eût été ainsi réglé pour Vincennes , (à titre d'assimilation & d'uniformité établie dans toutes les Capitaineries Royales) on voit que la même chose formoit une des dispositions de l'Edit de création de la Varenne du Louvre, 25 Mars 1594.

Et d'autant qu'il est très-requis & nécessaire qu'il y aye des personnes suffisantes & capables pour avoir l'œil & faire observer notre Ordonnance & juger des matieres & contraventions qui seront sur ce faites, avons créé & érigé, créons & érigeons en chef titre & qualité[illegible] un Capitaine de ladite Varenne du Louvre, un Lieutenant de Robe-longue, un Procureur de nous & un Greffier.

pour être par Nous, à présent,
pourvû ausdits Offices de personnes
capables ; & ci-après, quand va-
cation y échera ; auquel Capitaine
avons donné & donnons pouvoir
de nous nommer & présenter & à
nos Successeurs Rois, personnes
suffisantes & capables ausdits Of-
fices de Lieutenant, Procureur de
nous & Greffier, pour être à sa
nomination, pourvû à iceux.....

Ainsi, dès que la nomination du Capitaine, doit nécessairement précéder les provisions du Roi, à chaque mutation d'Officier, on ne peut concilier ensemble le caractere d'hérédité & le caractere d'une nomination purement volontaire ; l'hérédité & la nomination étant deux choses abſolument incompatibles.

Il y a plus, non ſeulement le Capitaine de chaque Capitaine-rie eſt libre dans ſa nomination, il eſt encore le maître, ſans atten-dre le décès ou la démiſſion de l'Officier pourvû ſur ſa nomina-tion, de le deſtituer, lorſqu'il le ju-ge à propos : Sa Majeſté a bien voulu, à cet égard, communi-quer ſon pouvoir aux Capitaines de ſes Capitaineries, & confirmer par une Ordonnance de 1695, une premiere Ordonnance du 20 Novembre 1663.

Sa Majeſté confirmant ſon Or-donnance de 1663. & y ajoûtant, permet aux Capitaines des Chaſ-ſes de ſes Capitaineries Royales de

Louis XIV. 1663. & 1695.

déposseder tous Lieutenans Sous-
Lieutenans & autres Officiers &
Gardes . . . . lorsqu'ils le jugeront à
propos, en les remboursant, ou fai-
sant rembourser comptant, des som-
mes qu'ils justifieront avoir payées
. . . . . & où il ne se trouveroit alors
de Sujets . . . . permet Sa Màjesté
ausdits Capitaines de les interdire,
pour raison des contraventions
qu'ils pourroient avoir faites aux
Ordonnances , ou à leurs ordres,
& de commettre à leur place, pen-
dant tel tems qu'ils jugeront à pro-
pos.

Ainsi le Roi veut non seulement qu'un Officier nommé &
pourvû, ne reste Officier qu'autant qu'il lui plaira, il va plus loin,
& comme les faits qui dépendent

de quelque détail, ne peuvent lui être personnellement connus, il communique fa puiffance aux Capitaines de fes Capitaineries, qui peuvent en conféquence d'une attribution expreffe & propre aux Plaifirs de Sa Majefté, ou interdire, ou dépoffeder les Officiers par eux nommés, lorfqu'ils le jugeront à propos.

Quelle eft donc la nature d'un Office de Capitainerie de Maifon Royale ? eft-ce un Office venal, un Office héréditaire ? nullement. C'eft proprement une Commiffion qui vaque par mort, Commiffion qui peut fe révoquer par Sa Majefté, Commiffion à laquelle le Roi pourvoit fur la nomination du Capitaine, toutes les

fois que la place est vacante ;
& la place est vacante, toutes
les fois que le pourvû, ou vient
à déceder, ou se démet, ou est
révoqué.

Pénétrons plus avant : Loin que
l'on puisse regarder cette Juris-
prudence propre à tous les Offices de la Maison du Roi, comme une singularité dans le Droit
François, on peut dire au contraire, que rien n'est plus conforme au droit commun & au droit
primitif des Offices, que de n'ê-
tre point sujet ni à la venalité, ni
à l'hérédité.

Originairement il n'y avoit point
d'Offices venaux. Tous les Offices appartenoient à la Puissance
publique : Le prix des Charges

ne faifoit pas une partie de la fortune des Sujets : Voilà qu'elle étoit la conftitution primitive.

Il a été dérogé à cette conftitution primitive, d'abord pour les Offices domaniaux, enfuite pour les Offices de Judicature & de Finance ; (*ce qui n'a été fait qu'à regret & pour l'extrême néceſſité des affaires du Royaume.*) Mais il n'y a jamais été dérogé pour les Offices de la Couronne, & ceux de la Maifon du Roi, qui n'étant ni venaux, ni héréditai-res, font demeurés dans leur premier état, dans leur premiere na-ture.

Jufqu'au feiziéme fiécle, on ne pouvoit fe faire recevoir, mê-me dans un Office de Judicatu-

re, qu'en faifant ferment » que
» l'on y étoit parvenu fans payer
» aucune chofe, fans avoir don-
» né ni fait donner, fans avoir
» promis ni fait promettre, ef-
» pérance de donner ou faire don-
» ner, directement ni indirecte-
» ment, or, argent, ou autre
» chofe équipollante.

Le premier qui fut difpenfé de
ce ferment, en fe faifant recevoir
Confeiller au Parlement de Paris le 7 Fevrier 1597, fut Maître Sebaftien Chauvelin, fils de
M^e. François Chauvelin, Avocat.

Jufqu'alors on avoit toûjours
efperé qu'avec le tems les chofes fe rétabliroient & fe re-
mettroient en leur ancienne pureté

reté & candeur. *.

Quoiqu'il en soit, différens Edits ont établi la venalité & l'hérédité dans les Offices de Judicature. Ils sont devenus héréditaires par le Bénéfice du Droit annuel qui a fait cesser le Droit commun. Ils ont été créés en titre d'Offices formés & conséquemment ils ont été réputés faire partie de la succession des Titulaires défunts, & mis au rang de leurs biens.

Mais pour ce qui est des Offices de la Maison du Roi & autres Charges de la même nature, qui

* *Vid.* les Rech. de Pasquier, L. 4. chap. 15. Brodeau sur Louet, Lettre C. Somm. 23. N. 5. & 6.

F

ne font point créés héréditaires
par aucun Edit, ils fe régiffent
par la Loi primitive des Offices;
Et quels Offices dans l'Etat, font
plus dignes d'être confervés dans
leur pureté, * dans leur ancienne
candeur, que ceux qui concernent immédiatement les Plaifirs
& la Perfonne de Sa Majefté.

Il y a donc une premiere diftinction à faire dans les Offices;
les uns font venaux, les autres
non venaux : Venaux, font ceux
qui ont été vendus & alienés,
moyennant finance : Non - ve-

* Pafquier obferve, qu'au fiécle
d'or les Charges fe donnoient au poids
de la Vertu.

naux, font ceux qui n'ont point
de finance, & qui ne tombent
point dans les Parties Cafuelles
de S. M. comme la plûpart des
Offices Militaires ; & nommé-
ment les Offices des Commenfaux de la Maifon du Roi, qui ne
font proprement que de fimples
Commiffions , lefquelles ren-
trent en la puiffance du Roi, par
la mort ou la démiffion des Officiers.

Une feconde diftinction également importante, regarde les Offices venaux, que l'on fubdivife en
venaux cafuels, & venaux domaniaux : Venaux-cafuels, font ceux
dont les Officiers ne font pourvus
qu'à vie par le Roi, & qui tombent

F ij

aux Parties Casuelles, lorsque le Titulaire décédé, n'a pas pris les voyes indiquées pour en conser- ver la propriété à sa succession : Venaux‑domaniaux, sont ceux qui ont été démembrés du Do- maine du Roi, qui s'alienent par des Contrats à faculté de rachat perpétuel, sans être sujets aux Parties Casuelles, & qui peuvent être considerés comme un Do- maine solide & fixe , lequel (dit Loiseau) se possede par toutes sortes de personnes sans provisions.

Or le Bénéfice du Droit an- nuel ne s'applique, ni aux Offices non venaux , ni aux Offices ve- naux – domaniaux aliénés par Sa

Majefté, mais uniquement aux Offices venaux-cafuels.

De deux chofes l'une ; ou les
Poffeffeurs de ces derniers Offices les avoient réfignés avant leur
décès, ou ils décédoient fans les
avoir réfignés. Au premier cas, il
falloit furvivre quarante jours,
pour donner lieu à la réfignation.
Au fecond cas, la Charge tom-
boit aux Parties Cafuelles.

Pour obvier à ces deux incon-
véniens, a été donné l'Edit de
la Paulette en 1604. & il a été
réglé que les Officiers qui feroient exactement & dans certains tems marqués, les payemens ordonnés par cet Edit, feroient difpenfés des quarante jours

de survie, & demeureroient pro-
priétaires de leurs Charges ; ce
qui ne regardoit (aux termes de
l'Edit,) que les Offices *qui étoient*
sujets à la regle des quarante jours,
& au payement du quart denier :
C'est-à-dire les Offices venaux
casuels, qui perdoient en quelque
sorte, la qualité de casuels, pour
devenir héréditaires, lorsque les
Titulaires avoient rempli les conditions de l'Edit du 12 Decembre 1604.

Or comme il étoit ordonné
par le même Edit qu'il seroit ar-
rêté des Etats au Conseil, qui
évalueroient les Offices ; aussi-
tôt, sur la foi de cette derniere
disposition, tous les Possesseurs

d'Offices fans diftinction, fe donnerent des mouvemens pour faire évaluer les Offices dont ils étoient revêtus.

L'illufion étoit fi grande à cet égard, que les Parties Cafuelles fe trouvant accablées par les évaluations demandées par plufieurs Officiers dont les Charges n'étoient ni héréditaires, ni venales, Louis XIII. déclara au mois de Mai 1616. qu'il n'entendoit que les Charges de fa Maifon & autres de même nature, *entraffent aux Parties Cafuelles & fuffent venales.*

Ainfi, rien de commun entre des Commiffions qui ne fe réfignent point, qui ne fe tranfmet-

tent point, & des Charges Pa-
trimoniales.

Il y a plus, l'Edit de 1616,
qui étoit général pour toutes les
Commissions & Offices non venaux, fut suivi de la Déclaration
de 1639. par laquelle Louis
XIII. s'expliqua en particulier sur
la nature des Offices des Chasses.
» Les Offices de nos Chasses sont
» Offices non venaux, parce qu'é-
» tant établis pour la seule conser-
» vation de notre Plaisir, nous de-
» sirons d'en pouvoir changer les
» Officiers à notre volonté, selon
» qu'ils se comporteront dans
» leurs Charges.

Donc il n'y a pas de fait particulier, ni d'évaluation, ni de résigna-
tion

tion, ni de Paulette ; en un mot aucun fait personnel , aucun fait singulier , qui puisse ou porter atteinte à une Loi générale , ou effacer le caractére d'un Office non venal dans son principe , ou enfin lui imprimer, au préjudice du droit commun des Capitaineries Royales , le titre & la nature de l'hérédité. *

PRIVILEGES DES OFFICIERS.

Le quatriéme Chef qui concerne la qualité des Officiers des

* Jugé le 10 Juin 1713. dans la Varenne du Louvre. Arrêt du Conseil. Jugé le 11 Janvier 1744. dans la Capitainerie de Saint Germain en Laye. Autre Arrêt du Conseil, qui sera imprimé à la suite de cet Ouvrage.

G

Capitaineries de Maisons Royales,
vis-à-vis les autres Regnicoles,
peut être traité en peu de mots.

Henri IV.
Decembre
1598.

Henri IV. parlant des Officiers de la Capitainerie de Saint
Germain, disoit qu'ils n'avoient
pas été créés pour la garde de
nos Forêts *seulement*, ains pour
la garde du Château, Chasse &
ce qui est notre Plaisir ; où ils sont
tenus de rendre chacun jour assidu service, l'Etat desquels nous
avons, pour cet effet, envoyé à
notre Cour des Aydes (comme
étant du Corps de notre Maison.)
Lorsque les privileges de la
Varenne du Louvre furent con-

LouisXIV.
Novemb.
1656.

firmés en 1656. *. les Officiers
de cette Capitainerie (Capitaine, Lieutenant Général de Justi-

ce, Procureur du Roi, Lieutenant de Robe-courte, Greffier,
deux Huissiers Audianciers, un
Receveur des Amendes & 12.
Gardes) *furent maintenus dans
leurs droits, privileges, franchi-
ses, & exemptions .... ainsi que
tous nos autres Officiers, Domestiques & Commensaux, comme faisant partie d'iceux.*

De ces differentes expressions
qui ont été successivement em-
ployées pour chaque Capitainerie de Maison Royale en particulier, résulte incontestable-
ment la Commensalité la plus
réelle & la plus effective que l'on
puisse desirer. Elle est fondée sur
un *service assidu*, sur des *fonctions actuelles* qui attachent cha-

un jour les Officiers des Capitaineries *à la perſonne de Sa Majeſté*, *à ſes Maiſons Royales & à ſes Plaiſirs*. Leur Capitation eſt employée dans le Rolle de la Maiſon du Roi. Leur Etat eſt envoyé tous les ans à la Cour des Aydes. En un mot, ils ſont Commenſaux, ils ſont du Corps de la Maiſon du Roi, ils ſont partie des *Officiers ſervans actuellement Sa Majeſté*, & les Gardes ne peuvent *faire leurs Charges* dans l'enceinte des Plaiſirs *qu'étans couverts & revêtus des caſaques des* Ordon. de 1669. tit. 30. art. 6. *livrées du Roi.*

Et en effet toutes les fois qu'il a été fait une *énumeration* des Commenſaux ou une *revocation* des Privileges, les Officiers des

Capitaineries de Maiſons Royales ont toujours été compris dans
l'*énumeration* & toujours excep-
tés de la *révocation.*

Quatre exemples récens dé-
montrent la vérité de cette pro-
poſition.

1°. Il y eut en l'année 1705. une *énumeration* conſiderable de pluſieurs exemptions. Louis XIV. en 1705.

N'entendons (dit l'article 5. de l'Edit de révocation) *comprendre dans la preſente révocation les Officiers & Commenſaux de notre Maiſon & ceux de nos Maiſons Royales, leſquels jouïront des privileges.*

2°. En 1718. la Capitainerie de Saint Germain en Laye reçut pluſieurs changemens, ſoit par la Louis XV. en 1718.

G iij

création de quelques nouveaux Officiers , foit par la fuppreffion de plufieurs anciens Offices, dont les emplois étoient inutiles; pourquoi cette fuppreffion ? parce que Sa Majefté jugea *que le trop grand nombre d'Officiers de cette Capitainerie caufoit une diminution confiderable à la perception des Droits de Huitiéme , & qu'en retranchant ce nombre inutile , la Ferme des Aydes fe trouveroit augmentée par le retranchement de plufieurs Privileges.*

Louis XV. en 1721.

3°. En 1721. le Renardier de la Varenne du Louvre étant dans le cas , par la négligence de fes Prédeceffeurs, de trouver quelque difficulté à la Cour des Aydes fur l'enregiftrement de fes Provifions, intervint une Declaration au mois de Novembre 1721. par laquelle le Roi ordonne l'enregif-trement des Provifions du Titulai-re, *pour jouir* (par lui & par fes fucceffeurs Titulaires de la même Charge). *des droits & privileges des Officiers Commenfaux de no-tre Maifon, ainfi que les autres nos Officiers de ladite Capitai-nerie.*

4°. Enfin l'année 1726. eft l'é-poque d'un dernier Reglement au fujet des Commenfaux. Dans ce Reglement, où il eft nommé-ment parlé de *l'exemption de Gros*, font rappellés les Ordon-nances, Edits & Déclarations des 20 Mars 1673. Juin 1680. 29. Octobre 1689. Août 1705. lef

Louis XV. en 1726.

G iiij

quelles *Ordonances* (eſt-il dit)
Edits & Declarations , & autres
Reglemens donnés en faveur des
Officiers , Domeſtiques *&* Commenſaux de notre Maiſon *&* de
nos Maiſons Royales , ſeront executés ſelon leur forme *&* teneur.

A la vue de toutes ces autorités & ſingulierement du Reglement de 1726, non ſeulement il
eſt évident que les Officiers qui
ſervent les Plaiſirs de Sa Majeſté ſont Commenſaux réels & effectifs , jouïſſans , par conſéquent,
de tous les Privileges rapportés
au Code des Commenſaux ; il eſt
encore démontré qu'ils ſont partie des Officiers *Commenſaux ſer-*
vans actuellement , dont il eſt parlé dans l'Ordonnance du mois de

Juin 1680. (tit. 9. art. 5.) à l'ef-
fet d'être maintenus dans le pri-
vilege de vendre en gros le vin de
leur crû, sans payer aucun autre
Droit que celui d'augmentation.

Après des preuves si solide-
ment établies, dira-t-on encore;
» 1°. Qu'il faut faire distinction
» de deux sortes d'Officiers Com-
» mensaux de la Maison du Roi;
» Commensaux ayant bouche à
» cour & servans près la Person-
» ne du Roi : Commensaux *ad*
» *instar* des premiers ; mais sans
» résidence : 2°. Qu'aux Com-
» mensaux de la première Clas-
» se , sont accordées toutes les
» Exemptions & Privileges de

» l'entière Commenſalité, mais
» qu'aux Commenſaux *ad inſtar*,
» appartiennent ſimplement des
» Exemptions relatives à leurs
» fonctions.

Cette diſtinction (qui a été
employée, ſans ſuccès, dans des
demandes en caſſation d'Arrêts
de Cours Souveraines, rendus
en faveur des Privileges des Capitaineries Royales) n'eſt établie
ſur aucune Loy ; il y a plus ;
Elle ſe trouve directement contraire à l'eſprit & à la lettre de
pluſieurs Edits & Reglemens.

Pourquoi les Officiers des Plaiſirs ſont-ils Commenſaux ? Nous
venons de le voir : Parce que
chacun jour, ils doivent un *ſer-*

vice aſſidu pour garder les Fo-
rèts, pour garder les Chaſſes du
Roi, & ce qui eſt ſon Plaiſir : A
cet effet, (ajoutoit Henri IV.)
Nous avons envoyé leur Etat à
la Cour des Aydes, comme étant
du Corps de Notre Maiſon, afin
qu'ils ayent tant plus moyen de
rendre la ſujettion qu'ils doivent
en leurs Charges, & que par leurs
ſoins & diligence, Nous puiſſions
prendre le Plaiſir de la Chaſſe.

De tout cela s'eſt formé une
Juriſprudence fixe dans la Cour
des Aydes de Paris, qui ſur le
Vû des Edits conſtitutifs ou con-
firmatifs des Privileges des Capitaineries Royales ; ſur le Vû
des Etats contenans le Dénom-

brement des Officiers Commenfaux fervans actuellement ; Sur le Vû de l'Ordonnance de 1680. de la Déclaration du 29 Octobre 1689. & de l'Arrêt du Confeil du 30 Juillet 1726. décide uniformément * que les Officiers des Capitaincries Royales font des Commenfaux effectifs, *Commenfaux fervans actuellement*, qui réuniffent en eux tous les Privileges de la plus parfaite Commenfalité.

RECAPITULATION.

Les quatre Chefs qui viennent dêtre examinés fe rapportent à

* *Vid.* les Piéces Juftificatives, des années 1685. & 1741.

une même fin.

Quand il s'agit de l'Augufte Perfonne de Sa Majefté, quand il s'agit de fes Plaifirs, fur lefquels les Ordonnances du Royaume contiennent des difpofitions fi précifes, fi litterales, fi uniformes, tout doit concourir à executer cette précieufe portion du Droit François; Une voye fure pour parvenir à cette execution & pour la confirmer dans tous fes points, eft de regarder que tout ce qui approche ou concerne les *Plaifirs* de Sa Majefté, doit fe décider par la nature des *Plaifirs* mêmes.

De-là, point de Concours de Chaffes ni dans les Forêts ni

dans les Plaines des Capitaineries de Maifons Royales, parce
que ce font des lieux refervés
pour les PLAISIRS de Sa Majefté.

De-là, point de Concours de
Juges, quand il eft queftion d'un
fait ou d'un délit commis dans
l'enceinte des Capitaineries de
Maifons Royales, parce que les
PLAISIRS ont une Jurifdiction
propre & particuliere. *.

* A Blois & à Monceaux, deux
exemples remarquables à ce fujet, l'un
en 1686. & l'autre en 1743.
1°. Les Officiers du Prefidial de
Blois décernerent un decret de prife de
Corps contre un Lieutenant & trois
Gardes de la Capitainerie Royale du
Comté de Blois, pour raifon d'un dif-
férend qu'ils avoient eu avec un Vi-

De-là , point d'hérédité dans
les Charges des Capitaineries de

gneron pour un chien. Arrêt du Confeil (13. Sept. 1686.) qui *défend au
Préfidial de Blois de connoître de tous
faits de Chaffes , circonftances & dépen-
dances. Le decret caffé; défenfes aux Officiers du Préfidial d'en donner de femblables , & de connoître à l'avenir des
procès criminels qui pourroient être in-
tentés contre les Officiers & Gardes de
la Capitainerie , pour fait commis dans
leurs fonctions , circonftances & dépen-
dances.*

2°. Les Officiers du Préfidial de
Meaux ayant reçu Plainte de la
part d'un délinquant contre lequel
il y avoit un rapport au Greffe de
la Capitainerie de Monceaux ; & le
Procureur du Roi de la Capitainerie ayant revendiqué cette procédure,
Décidé par M. le Chancelier (le 30.
*Nov. 1743.) que le Bailliage de Meaux
devoit délaiffer la connoiffance de l'affaire aux Officiers de la Capitainerie de
Monceaux.*

Maifons Royales, parce que c'eft le PLAISIR & la volonté de Sa Majefté qui en regle les Provifions & la durée.

De-là, enfin point de Commenfalité plus réelle, que celle des Officiers des Capitaineries de Maifons Royales, parce qu'ils fervent *actuellement, affidument &* *chacun jour de l'année, les PLAIsirs* de Sa Majefté.

Autre fait arrivé dans la Capitainerie de Corbeil. Le Juge de Torcy, la Table de Marbre, & autres Jurifdictions, ayant rendu des Sentences & Jugemens pour faits de Chaffe, circonftances & dependances, Arrêt du Confeil (11 Janvier 1672.) qui caffe & annulle les Procédures, Sentences & Jugemens, COMME ATTENTAT SUR LA CAPITAINERIE ROYALE.

Telle

Telle eſt la vüe, telle eſt la fin que ſe ſont propoſée les Reglemens intervenus ſur les Plaiſirs, dans le cours de la troiſiéme Race, & nommément ſous les derniers Régnes.

Ces Reglemens ſe ſont attachés à déterminer avec préciſion, 1°. l'étendue des PLAISIRS : 2°. la maniere certaine d'y adminiſtrer la Juſtice : 3°. l'état des Officiers créés ſoit pour la garde de ces mêmes PLAISIRS, ſoit pour la pourſuite & vindicte des délits qui s'y commettent : 4°. Les Prérogatives & les Privileges des Officiers établis dans les Capitaineries de Maiſons Royales.

Quoi de plus reſpectable que

ces Reglemens, puifque l'on y trouve tout à la fois & le doigt du Souverain qui s'y manifefte avec legitimité, & le Vœu commun des Sujets folemnellement affemblés pour concourir aux Loix publiques. C'eft à Orleans, c'eft à Moulins que les Etats du Royaume ont jetté les fonde-mens *des Loix claires & précifes* que l'on s'eft attaché en 1669, *à rédiger en un feul corps d'Ordonnances*, à l'effet d'obvier à toutes les conteftations qui auroient pû naître, ou fur l'étendue, ou fur la Jurifdiction des Plaifirs.

Et quant à la Nature des Charges, & aux Privileges des Officiers, il a été fait de femblables

Réglemens, soit en 1594. 1616.
1639. soit en 1680. 1705. 1726....
toujours par relation à la fin principale des Capitaineries Royales; c'est-à-dire, par relation
aux Plaisirs de Sa Majesté.

Voilà de ces objets qui ne
doivent point être considerés sé-
parément. Ils s'interprétent les
uns par les autres, & comme ils
se réunissent dans un même centre
(c'est-à-dire : dans la *Personne* &
dans les PLAISIRS DE SA MA-
JESTÉ) il est nécessaire de les
envisager de la même maniere,
& de rapporter toutes les ques-
tions qui peuvent survenir à l'oc-
casion des Capitaineries de Maisons Royales, à ce centre com-

mun, d'où fortent les differens Principes recueillis dans cet ouvrage.

Définiſſons donc les PLAISIRS par les véritables Définitions de la Chaſſe, & pour cet effet, diftinguons la Chaſſe *propre*, d'avec la Chaſſe *permiſe*.

La Chaſſe n'eſt *propre* qu'en la Perſonne du Souverain, en qui réſide immédiatement le droit abſolu de la Chaſſe : A lui ſeul appartient ou de la permettre, ou de l'interdire, ou de ſe la réſerver.

La Chaſſe eſt *permiſe* à tous Seigneurs, Gentils-Hommes & Nobles, ſur leurs Terres, à la charge par eux de ſe conformer

aux Ordonnances & à la Volonté du Souverain : Mais toute
Permiſſion ceſſe , lorſqu'il s'agit
d'un *Lieu Reſervé* , ſoit à titre
de PARC OU VARENNE , ſoit
à titre de *Forêts & Plaines* ren-
fermées dans une CAPITAINE-
RIE ROYALE.

- Ajoutons (ſuivant les propres
termes de la Declaration de
1699 , qui a ſupprimé 92 Capitaineries) *Que les établiſſemens
des* PLAISIRS *ont un fondement
très-legitime ; Que dans les Lieux
où les Rois font leur ſéjour, &
dans les Bois, Varennes & Plaines , où ils ont affection & volönté
de ſe récréer , il eſt juſte d'y garder la Chaſſe pour leur* PLAISIR;

contentement & divertiffement.

Il y a donc deux Caractéres diſtinctifs, qui differentient les 13 Capitaineries reſervées en 1699. Les unes ſont Capitaineries & Plaiſirs, par l'effet du ſéjour actuel (*Domicilium Facti.*) Les autres participent à la même qualité & aux mêmes Prérogatives, ſoit parce qu'elles ſont inherentes à des Maiſons Royales ſubſiſtantes (*Domicilium Animi & Dignitatis*); ſoit parce que la proximité des Bois & Plaines qui en dépendent, ont determiné les Rois, à s'y réſerver pour eux ſeuls le *PLAISIR* de la *Chaſſe.* BOCQUET DE CHANTERENNE.

PIECES

JUSTIFICATIVES,

DIVISE'ES, PAR L'ORDRE des Matieres.

On suivra dans l'ordre des Pieces, le Plan du Mémoire qui précéde ; ce qui formera quatre Divisions ;

1°. Pieces qui ont rapport à l'Origine des Capitaineries, & à leur Etat actuel.

2°. Pieces qui concernent la Jurisdiction des Capitaineries.

3o. Pieces qui établissent la
Nature des Charges.

4e. Pieces qui prouvent la
Commenfalité & les Privileges.

Ire. DIVISION.

Iʳᵉ. DIVISION.

Pieces qui concernent l'Origine
des Capitaineries.

OUTRE les Edits, Ordonnnan-
ces, Declarations, Reglemens,
& Arrêts du Confeil qui font rapportés au Code des Chaffes, il y a encore quelques autorités particulieres
qui meritent d'être recueillies, ou
dont il eft à propos de faire l'Analy-
fe; parce qu'elles font connoître l'é-
tat actuel des Capitaineries fubfiftan-
tes.

Dans le Code des Chaffes ont été
tranfcrits les Edits & Ordonnances
qui fixent la nature, la qualité, l'é-
tendue & les limites des Plaifirs.
Chaque Capitainerie eft traitée fé-
parément, au fujet des limites, &

I

des Créations dont on a pû recouvrer les Titres.

Dans le même Code, on trouve la Declaration de 1699. qui a suppri- mé 92 Capitaineries ; & celle du 27 Juillet 1701. qui en reglant les Ca- pitaineries du Duché d'Orleans , éta- blit la distinction qu'il faut mettre entre les Capitaineries Royales & les Capitaineries *non Royales*.

Aux Capitaineries Royales s'appli- quent les articles 6 , 7 , 8 , 11 , 13, 14 , 15 , 16, 17 , 20 , 21 , 22, 23 , 24 , 32 , 36 , 39 , & 40. de l'Ordon- nances de Eaux & Forêts, Titre trente.

Aux Capitaineries *non Royales*, s'ap- pliquent les articles 29 , 30, & 31. du même Titre, dans la même Ordonnan- ce.

Ce qui est dit dans la Declaration du 27 Juillet 1701. sur les fonctions des Capitaineries & Droits des Hauts- Justiciers, merite une attention singu-

liere , en ce que la nüance qui diffe-
rencie les Capitaineries Royales & les
Capitaineries *non Royales*, y eſt exactement tracée.

Pourront les Capitaines (art. 3.) *veiller à la Conſervation des Chaſſes &
punition des Coupables, ainſi qu'il eſt
permis par les Ordonnances, ſans qu'ils
puiſſent empêcher les Seigneurs Hauts-
Juſticiers ou les Seigneurs de Fiefs
ayans Cenſives & Vaſſaux, de Chaſſer,
eux, & leurs enfans ou amis, dans l'étendue de leurs Hautes-Juſtices ou Fiefs, &
les Seigneurs Eccleſiaſtiques de la qualité
ſuſdite, de commettre une perſonne telle
qu'ils aviſeront, pour chaſſer, à condition que celui qui ſera par eux commis,
ſera tenu de faire regiſtrer ſa com-
miſſion . . . . Ni pareillement empêcher les Particuliers, d'arracher les
mauvaiſes herbes, de faucher leurs
foins, quand bon leur ſemblera, ni les
obliger à mettre des épines dans leurs*

Héritages, d'attacher des Landons au col des Chiens, ni leur impoſer d'autres ſujetions que celles portées par l'Ordonnance du mois d'Août 1669. à l'égard des Capitaineries non Royales.

Entre les Pieces non tranſcrites dans le Code des Chaſſes ſur l'Origine des Capitaineries, il y en a une que l'on a déja extraite dans le Memoire, & qui merite d'être rapportée en entier : C'eſt celle qui concerne la Création de la Varenne du Louvre.

EDIT DU ROY,

Portant Création de la Varenne du Louvre, & son étenduë du côté de l'Université, vers Meudon, & autres Paroisses du même côté, revenant jusqu'à la Porte Saint Victor.

Du 25 Mars 1594.

HENRY, par la grace de Dieu, Roi de France & de Navarre : A tous presens & à venir, SALUT. Nos Predecesseurs Rois, ayant agréé la demeure & particuliere habitation d'aucunes des Villes & Châteaux de cettuy notre Royaume, auroient établi ès environs de la plûpart d'iceux des Varennes, pour y prendre leur Plaisir de Chasse, & à cette fin commis & ordonné des Officiers pour la garde & conservation du Gibier étant esdites Varennes : au moyen

I iij

de quoi , faifant la plûpart réfidence
en notre bonne Ville de Paris , Ca-
pitale de notre Royaume , avons ad-
vifé , afin que puiffions ci-après commodément prendre & recevoir lefdits Plaifirs de la Chaffe , foit de la
Vennerie ou Fauconnerie , fans Nous
éloigner d'icelle , établir une Varenne en l'une des Plaines ès environs
de ladite Ville ; Pour ce , ayant mis
cette affaire en déliberation en notre
Confeil ; fçavoir faifons , que de
l'advis d'icelui , & de notre propre
mouvement , pleine puiffance & autorité Royale , nous avons par cettuy
notre prefent Ediĉt , perpetuel & irrévocable , créé , ordonné & eftabli ,
créons , ordonnons & eftabliffons en
la Plaine eftant ès environs de notredite Ville de Paris , du côté de
l'Univerfité , que Nous voulons s'é-
téndre , à commencer ès Fauxbourgs
Saint Germain des Prez , le long de

la Riviere de Seine, jufqu'au Chaf-
teau de Meudon, & remonter par
les Villages de Vaugirard, Vanvres,
Yffy, Fleury, Clamart, aller par
Montroy & Chatillon, Bagneux, Fon-
tenay fous Bagneux, Chaftenay, Ver-
riere, Pleffis - Piquet, Anthony,
Arcueil, Gentilly, Ville-Neuve, Vi-
try, & Yvri fur Seine, revenant fur
la Riviere de Seine, à la Porte Saint
Victor ; auquel Circuit & Plaine que
voulons eftre dorefnavant la Varenne du Louvre, afin qu'il y ait plus
grande quantité de Gibier, & s'en
puiffe conferver à l'avenir, fans y
être chaffé ni épouvanté; Nous avons
fait & faifons très - expreffes inhibitions & défenfes à toutes perfonnes,
de quelque état, qualité & condition
qu'ils foient, de chaffer dorefnavant
à l'advenir dans ladite Varenne cy-
deffus declarée, foit aux Bêtes fau-
ves, rouffes & noires, Lievres, Co-

I iiij

nils , Perdreaux , & autres Gibiers
quelconques , avec Chiens , Oiseaux,
Furets , Collets , Tonnelles , Arque-
buses, Arbalestres , ou autres En-
gins , en quelque sorte & maniere
que ce soit , encore qu'ils ayent Terres, & Héritages & Bois dans ladite
Varenne , à peine d'amende pecuniai-
re pour la premiere fois , & à tenir
prison jusqu'à plein payement ; la deu-
xiéme, par confiscation d'armes & en-
gins qui seront trouvés ausdits Chas-
seurs , & d'amende arbitraire ; & la
troisiéme fois, de punition corporelle,
suivant & conformément aux Ordonnances faites par nosdits Prédecesseurs
Rois, & Nous , sur le fait desdites
Chasses ; & à tous Capitaines de nos
Gens de Guerre, soit de cheval ou de
pied, Lieutenans, Enseignes , & autres membres desdites Compagnies,
de loger ès Villages susdits , ne autres, estant au dedans ladite Varen-

ne ; & aux Maréchaux des Logis
& Fouriers, d'y bailler département
des Logis, ne aucuns étiquets ; enjoignons oſter & rayer de leurs Rolles
leſdits lieux, à peine d'encourir notre indignation, & d'eſtre punis &
chaſtiez comme infraƈteurs de nos
Commandemens. Permettons à cette
fin aux Habitans deſdits Villages, &
autres nos Sujets, en cas d'aucuns
mépris & contraventions de cette notre volonté, de courir fus à ſon de
tocſin ; ayant pris & mis, comme
par ces Preſentes, nous prenons &
mettons leſdits Habitans de chacun
deſdits Villages & Lieux cy - deſſus
declarés, en notre proteƈtion & ſau-
ve garde ſpeciale ; & afin qu'aucuns
ne puiſſent prétendre cauſe d'ignoran-
ce de ce que deſſus, voulons leſdi-
tes défenſes être miſes en des Po-
teaux, qui pour cet effet ſeront dreſ-
ſés, tant eſdits Fauxbourgs de Sain

Germain des Prez, Saint Victor, esdits Villages, qu'autres lieux & endroits de ladite Varenne que befoin fera : Et d'autant qu'il eft très-requis & néceffaire qu'il y ait des perfonnes fuffifantes & capables pour avoir l'œil & faire obferver cette notre Ordonnance, & juger des matieres & contraventions qui feront fur ce faites, avons créé & érigé, créons & érigeons en chef, titre & qualité d'Officiers formés, un Capitaine de ladite Varenne du Louvre, un Lieutenant de Robe-longue, un Procureur de Nous, & un Greffier, pour être par Nous à prefent pourvû aufdits Offices de perfonnes capables, & cy-après quand vacation y échera ; auquel Capitaine avons donné & donnons pouvoir de nous nommer & prefenter, & à nos Succeffeurs Roys, perfonnes fuffifantes & capables aufdits Offices de Lieute-

nant, Procureur de Nous, & Greffier, pour être à fa nomination pourvû d'iceux : Enfemble lui donnons
pouvoir & puiffance de commettre
des Gardes de ladite Varenne jufqu'au
nombre de douze, pour avoir le foin
dudit Gibier & autres chofes fufdites, ès lieux que befoin fera, les fufpendre & priver de leurs Charges &
Offices en cas de malverfation, comme il verra eftre requis & néceffaire
pour le bien de notre fervice, lefquels Capitaine, Lieutenant, Procureur, Greffier & Gardes fufdits, afin
qu'ils ayent moyen & occafion de fe
dignement acquitter de leurs Charges & Offices, nous avons annexé
& annexons avec le corps de notre
Vennerie & Fauconnerie : Voulons
& Nous plaift, qu'ils jouiffent de
tels & femblables honneurs, autorités, prérogatives, prééminences, privileges, franchifes, exemptions, im-

munités & libertés, dont jouiffent &
ont accoûtumé de joüir & ufer nos
Officiers de ladite Vennerie, Fauconnerie, Capitaines & Officiers des
Chaffes de notredit Royaume; à chacun defquels Officiers, Procureur
Greffier, & Gardes, avons octroyé
& accordé, octroyons & accordons,
la fomme de vingt écus de gages;
& outre à ce que deffus, puiffe être
executé, Avons attribué & attribuons
aufdits Capitaine, Lieutenant, Procureur de Nous, & Greffier, la Jurifdiction & connoiffance en premiere
inftance, de toutes & chacunes les
caufes & matieres, tant civiles que
criminelles, qui s'y pourront cy-après
mouvoir & intenter dans l'étendüe de
ladite Varenne, à caufe defdites contraventions en Chaffe, pour les juger & terminer privativement à tous
nos autres Juges & Officiers, nonobftant oppofitions ou appellations quel-

conques, & fans préjudice d'icelles;
lefquelles appellations reffortiront
nuëment pardevant nos amés & féaux
les Gens tenant notre Cour de Parlement à Paris; & défendons à tous
nos Juges quelconques, d'en prendre
aucune Cour Jurifdiction ne connoiffance; comme auffi nous avons interdit & défendu, interdifons & défendons aux Grands Maiftres Enquef-
teurs & généraux Réformateurs de
nos Eaux & Forefts, leurs Lieutenans, Maiftres Particuliers d'icelles,
& autres Officiers de nófdites Eaux
& Forefts, Prevofts de Paris, ou leurs
Lieutenans, & à tous nos autres Juf-
ticiers & Officiers qu'il appartiendra,
de prendre connoiffance defdites matieres; & aux Parties d'en faire pour-
fuite d'icelles, ailleurs que devant
lefdits Capitaine de ladite Varenne,
ou fon Lieutenant, fur peine de nul-
lité, & caffation defdites Procédures,

d'amende arbitraire, & de prison. Si DONNONS EN MANDEMENT à nos amés & féaux les Gens de notredite Cour du Parlement, de nos Comptes, Cour des Aydes, Grands Maistres Enquesteurs & Generaux Réformateurs desdites Eaux & Forests, au Siege de la Table de Marbre de nostredit Palais, Tréforiers generaux de France, & autres nos Justiciers & Officiers qu'il appartiendra, que les Presentes ils verifient & faffent publier & enregistrer en chacune de leurs Cours & Jurisdictions, & par tout où befoin fera, & le contenu d'icelles garder & obferver inviolablement, sans souftrir y estre contrevenu en aucune maniere. CAR tel est notre Plaisir, & afin que ce foit chose ferme & stable à toujours, nous avons fait mettre notre fcel à cesdites Presentes. DONNE' à Paris le 25 Mars, l'an de grace 1594.

Et de notre Regne le quatriéme. *Signé*,
HENRY, & fur le repli, POTTIER.
Scellé du grand Sceau en cire verte,
en lacs de foye rouge : Et à côté, *Vifa.*

IIe. DIVISION.

*Pieces qui concernent la Jurif-
diction.*

DANS l'Ordonnance des Eaux &
Forêts, au Titre des Chaffes,
on voit ce qu'il y a de plus effentiel,
fur la maniere dont doivent être inf-
truits & jugés les Procès Civils &
Criminels qui fe prefentent dans les
Capitaineries Royales. Cette même
Ordonnance renvoye, (quant aux
peines pecuniaires afflictives qui doivent être fupportées par chaque délit)
*aux amendes & autres condamnations
indictes par l'Edit de 1601 :* Donc

pour être au fait de cette partie de la Jurifdiction, il faut concilier l'Edit de 1601. avec l'Ordonnance de 1669. Le Pœnal non exprimé dans l'Ordonnance, fe trouve dans l'Edit

Sur les Conflits, Attentats, Concurrences, & Préventions, on peut confulter ;

En premier lieu, ce qui eft dit dans l'Ordonnance des Eaux & Forêts, art. 32 & 33, du Titre des Chaffes.

En fecond lieu, l'Arrêt du Confeil pour la Capitainerie de Corbeil, du 12 Janvier 1672. (Code des Chaffes.)

En troifiéme lieu, un autre Arrêt du Confeil pour la Capitainerie de Blois, du 13 Septembre 1686. (au Code des Chaffes.)

En quatriéme lieu, la Décifion de M. le Chancelier du 30 Novembre 1743, fuivant laquelle, le *Lieutenant*

Criminel

Criminel de Meaux eſt tenu de délaiſſer aux Officiers de la Capitainerie de Mon-ceaux la connoiſſance d'une Rixe inci-dente à un fait de Chaſſe.

Sur le Reſſort des Appellations des Jugemens rendus par les Capitaines des Chaſſes, on peut conſulter,

En premier lieu, l'Ordonnance des Eaux & Forèts au Titre 14. qui ré-gle le temps pour relever & faire ju-ger les appels.

En ſecond lieu, la Declaration du 9 Mai 1656. qui régle le Tribunal d'appel (au Code des Chaſſes.)

En troiſiéme lieu, le Reglement du Conſeil du 28 Juin 1738. (Partie premiere, Titre 8. articles 1. 2. & 4.) ſuivant lequel *les Appels des Ju-gemens rendus dans les Capitaineries ne peuvent être relevées qu'au Conſeil, & ce par Lettres, ou par Arrêt de ſoit Com-muniqué, à la charge néanmoins que*

*les jugemens feront executés nonobſtant
l'appel.*

IIIe. DIVISION.

Pieces qui concernent la Nature des Charges.

IL a été démontré (au Memoire)
que les Officiers des Plaiſirs n'é-
toient ni Venaux ni Héréditaires :
Que la Paulette y étoit totalement
étrangere : Que la Nomination des
Officiers appartenoit aux Capitaines
de chaque Capitainerie ; & que les
Officiers étoient non-ſeulement amo-
vibles à la volonté du Roi, mais même deſtituables & ſuſpenſibles à la
volonté des Capitaines.

Dans la Piece ſuivante, il s'agit de
l'Hérédité ou non-hérédité des Offices.

DECLARATION DU ROY,

Donnée en faveur des Officiers & Gardes des Plaisirs de Sa Majesté en la Capitainerie de Corbeil & Forest de Senart, du 24 May 1639.

L OUIS, par la grace de Dieu, Roy de France & de Navarre. A tous ceux qui ces presentes Lettres verront, Salut. Combien que dans nostre Edit du mois de Mars 1637. portant attribution d'heredité aux Officiers de nos Eaux & Forests moyennant finance, avec quelque augmentation de gages, & confirmation du droit de chauffage, Nous n'ayons point entendu comprendre les Officiers de nos Chasses de la Capitainerie de Cor-

beil & Foreſt de Senart, tant pour
que ce ſont Offices non venaux &
ſans aucun droit de chauffage : qu'auſſi
eſtans eſtablis pour la ſeule conſervation de noſtre Plaiſir, Nous deſirons de les pouvoir changer à noſtre
volonté, ſelon qu'ils ſe comporteront
dans leurs Charges : neantmoins au
prejudice de toutes ces choſes, & ſans
y faire la conſideration qui ſe devoit,
ſous pretexte que par erreur, inad-
vertance, ou autrement, on a fait
couler dans le ſuſdit Edit ces mots
de Garde-Chaſſes ſans autre explica-
tion, on a auſſi compris leſdits Officiers de nos Chaſſes de ladite Foreſt
de Senart avec ceux deſdites Eaux &
Foreſts dans les taxes qui ſe font faites pour les ſuſdites attributions, &
meſme on a pour cela voulu uſer de
contrainte à l'encontre d'eux ; choſe
du tout contraire à noſtre intention,
& de laquelle nous ayant eſté fait

plainte, Nous avons refolu d'y pourvoir. A CES CAUSES, & autres bonnes confiderations à ce nous mouvans, defirans fubvenir en cet endroit aux fufdits Officiers de nos Chaffes, & Gardes de nos Plaifirs en la fufdite Capitainerie de Corbeil & Foreft de Senart, fçavoir le Lieutenant, noftre Procureur, le Greffier, & les Gardes, afin qu'ils ayent d'autant plus de moyen de faire tout bon devoir en l'exercice de leurs Charges pour la confervation de nos Plaifirs. De l'advis de noftre Confeil, & de noftre propre mouvement, pleine puiffance & authorité Royalle, Nous avons dit & declaré, difons & declarons par ces prefentes, fignées de noftre main, que noftre intention n'a point efté que lefdits Officiers des Chaffes de ladite Foreft de Senart fuffent compris dans le fufdit Edit du mois de Mars 1637. portant attribu-

tion aux Officiers de noſdites Eaux
& Foreſts, de l'heredité de leurs Offices, augmentation de gages, & confirmation du chauffage, ni ès Rolles des Taxes qui en ont été faites à
cette occaſion & entant que beſoin
eſt ou feroit, Nous les avons excep-
tez & dechargez, exceptons & de-
chargeons par ceſdites preſentes, ſans
qu'il puiſſe eſtre pris ni levé aucune
choſe ſur eux à cette occaſion, à peine de concuſſion & de tous deſpens
dommages & intereſts, contre ceux
qui ſe voudroient immiſcer à en faire
le recouvrement, quelques quittances de Finance & contraintes qui en
ayent pû eſtre expediées, leſquelles
Nous avons revoquées & revoquons
comme nulles & de nul effet, & ayans
eſté expediées contre noſtre intention, & où ils auroient eſté contraints
d'en payer aucune choſe, Nous voulons qu'il leur ſoit rendu & reſtitué

par les mefmes voyes & contraintes defquelles on aura ufé envers
eux. Si donnons en mandement à
noftre très - cher & Feal le Sieur
Seguier, Chevalier, Chancelier de
France que nos prefentes Lettres de Declaration ils faffent lire &
publier en noftre grande Chancelle-
rie, le Sceau tenant, & regiftrer ès
Regiftres d'icelle, pour eftre executées felon leur forme & teneur. Et
à nos amez & feaux Confeillers les
Gens tenans noftre Cour des Aydes
qu'ils les faffent femblablement enre-
giftrer, & du contenu d'icelles jouir
& ufer lefdits Officiers de nos Chaffes en la fufdite Capitainerie de Corbeil, & ce qui en dépend, pleinement & paifiblement, ceffant & faifant ceffer tous troubles & empefche-
mens, nonobftant la claufe portée par
le fufdit Edit, auquel nous avons
derogé pour ce regard, & toutes au-

tres chofes à ce contraires. Car tel eſt noſtre plaiſir. En témoin dequoy Nous avons fait mettre noſtre feel à cefdites prefentes. Donné à Saint Germain en Laye le 24 jour de May l'an de grace mil ſix cens trente-neuf. Et de noſtre regne le vingt-neufiéme. Signé Louis, & ſur le reply par le Roy, De Lomenie. Et ſcellé du grand Sceau de cire jaune. Et encore ſur ledit reply eſt eſcrit ; Lû & publié le Sceau tenant, de l'Ordonnance de Monſeigneur Seguier, Chevalier, Chancelier de France, moy Conſeiller du Roy en ſes Conſeils, & Grand Audiancier de France, prefent. Et regiſtré ès Regiſtres de l'Audiance de France. A Paris le vingtiefme jour de Juin mil ſix cens trente - neuf.

Signé, L Y O N N E.

Sur

Sur l'autorité & le pouvoir des Capitaines vis-à-vis les Officiers des Capitaineries, on peut confulter (au Code des Chaffes) l'Ordonnance du 24. Janvier 1695. qui *permet aux Capitaines de dépoffeder , ou interdire & commettre , fuivant l'exigence des cas.*

Sur le droit de Nomination qui appartient aux Capitaines, pour toutes les Charges des Capitaineries, qui viennent à vaquer par decès, demiffion ou deftitution , on peut confulter,

1°. La Création de la Varenne du Louvre (*fuprà p.* 19 & 101.)

2°. L'Erection de la Capitainerie de Vincennes (au Code des Chaffes.)

3°. Un Arrêt du Cohfeil du 16 Juin 1713. qui a jugé contradictoirement entre la Veuve d'un Officier & le Capitaine de la Varenne du Louvre, *que la Nomination & difpofition de*

L

l'Office vacant appartenoit au Capitaine, quoique la Veuve rapportât des quittances de droit annuel, & autres titres semblables. M. Bontemps Capitaine, fut *maintenu & gardé* dans le droit de difposer.

Nota. Les Prépofés aux Parties Cafuelles ne font point difficulté de recevoir les fommes qu'on leur apporte, & d'en donner quittance, fans que ceux qui payent, & qui payent fouvent avec deffein de fe prévaloir de leurs payemens, puiffent en tirer aucune conféquence, par rapport à l'Hérédité.

4°. L'Arrêt du Confeil du 11 Janvier 1744 qui (nonobftant une prétenduë Hérédité perpetuée pendant plus de cent ans, à la faveur d'une Paulette & autres Droits de la même nature, exactement payés & acquittés) a declaré en conformité du Droit commun des Capitaineries,

que la Charge de Procureur du Roi
de Saint Germain en Laye étoit fujette
à la Nomination du Capitaine.

EXTRAIT des Regiſtres du Conſeil d'Eſtat.

Du 11 Janvier 1744.

VEU au Conſeil d'Etat du Roi, Sa Majeſté y étant, la Requête preſentée en icelui , par le Sieur le Grand, Prevoſt de Saint Germain en Laye, Contenant, que ſuivant les arrangemens par lui pris avec ſa famille, il s'étoit flatté de pouvoir ſuccéder au feu Sieur ſon Pere dans la Charge de Procureur de Sa Majeſté en la Capitainerie des Chaſ-ſes de Saint Germain, & de n'avoir à cet égard d'autres formalités à rem-plir que celles qui s'obſervent pour les Offices Héréditaires ; mais que le Sieur Maréchal de Noailles, en ſa qualité de Capitaine des Chasses, prétend, que les Provisions n'en peuvent être expediées que sur sa Nomination, ainsi qu'il s'est toujours pratiqué pour les autres Capitaineries Royales ; ce qui met le Suppliant dans la nécessité de recourir à Sa Majesté, & de lui representer, Que depuis plus d'un siécle, la Charge dont est question, a été possedée par ses ancêtres, comme une Charge héréditaire, & sans que les Sieurs Capitaines des Chasses ayent jamais exigé qu'on prît leur Nomination ; En effet, le Suppliant observera, Qu'anciennement l'Office de Procureur de Sa Majesté en la Capitainerie des Chasses de Saint Germain étoit tellement confondu avec celui de Procureur de Sa Majesté en la Maîtrise, que les deux sembloient n'en former qu'un ; Qu'ils étoient ainsi réunis en 1618. & 1628. lorsque Michel le Grand &

René fon fils, en furent pourvûs ;
Qu'en 1655. Georges le Grand, fils
de René, obtint pareillement des Provifions de l'Etat & Office de Procureur de Sa Majefté en la Maîtrife &
Capitainerie des Chaffes de S. Germain, pour lequel il paya à S. M.
les Droits de furvivance & de marc
d'or & l'annuel ; Que le même Georges le Grand ayant refigné en 1687.
en faveur du Sieur Moreau, l'Office
de Procureur de S. M. en la Maîtrife,
le Tréforier des Parties Cafuelles fit
difficulté de l'admettre au huitiéme
denier, parce qu'on ne rapportoit aucunes Provifions particulieres de cet
Office, mais feulement celles par lefquelles ledit Sieur le Grand en étoit
pourvû conjointement avec celui de
Procureur de S. M. en la Capitainerie ; ce qui donna lieu à un Arrêt du
Confeil du 3 Decembre audit an,
qui ordonna que la réfignation feroit

admife au huitiéme denier ; Qu'en
1702. Georges le Grand réfigna l'Office de Procureur de S. M. en la Capitainerie, au Pere du Suppliant, qui
paya alors les Droits attachés aux Offices héréditaires, & racheta en 1712
le droit annuel : Qu'après un fem-
blable expofé le Suppliant croit devoir s'en rapporter à S. M. & attendre
qu'il lui plaife expliquer fur ce, fes
intentions. Vu auffi le Mémoire en
réponfe du Sieur Duc de Noailles,
Pair & Maréchal de France, Gouverneur & Capitaine des Chaffes de S.
Germain en Laye, contenant, en fubftance, Que le pouvoir de conferver
ou de changer les Officiers des Chaffes, felon qu'ils fe comportent dans
leurs Charges, a toujours été une
condition inféparable de ces fortes
d'Offices, attendu qu'ils ont été établis pour la feule confervation des
Plaifirs de Sa Majefté, fans avoir

jamais été créés fur le pied d'Offices Venaux & Héréditaires ; Que c'eft
par cette raifon , que dans toutes les
Provifions accordées par Sa Majefté
aux Officiers de fes Chaffes & Plaifirs, fe trouve employée cette Claufe (*& ce tant qu'il nous plaira*) Claufe précife , qui détermine tellement le
Droit Commun & la Nature des
Charges des Capitaineries de Maifons
Royales, qu'aucuns Officiers n'y peuvent être admis, qu'en obtenant des
Provifions de Sa Majefté, fur la Nomination préalable des Capitaines ,
& n'y peuvent être confervés, qu'autant qu'ils fe comportent dans leurs
Charges d'une maniere irréprocha-
ble : Que fi dans les befoins de l'E-
tat, la Vénalité & l'Hérédité ont été
admifes dans les Offices de Judicature & de Finance, ceux de la Maifon
de Sa Majefté , & nommément ceux
de fes Chaffes & Plaifirs , ont été dé-

L iiij

clarés *non Venaux*, ce qui les a perpétués dans la Nature primitive des Charges, lesquelles n'étoient possedées originairement, que par Office & par Commission ; ainsi d'une part, point d'Edit qui ait créé & rendu Héréditaires les Offices des Chasses & Plaisirs ; d'autre part, point d'Offices plus dignes d'être maintenus dans leur premiere Nature, que ceux qui appartiennent directement & immédiatement aux Plaisirs de Sa Majesté : Que pour se convaincre pleinement que les Rois Prédécesseurs de Sa Majesté n'ont jamais entendu accorder l'Hérédité aux Offices de Capitaineries de Maisons Royales, & qu'elle est même incompatible avec leur établissement & destination, il suffit de consulter la Déclaration du 14 Mai 1639. l'Edit du mois d'Avril 1676. & l'Ordonnance du 24 Janvier 1695. dont les dispositions sont claires & décifives fur cette matiere; Qu'ainfi, foit qu'on prétende tirer avantage de ce que depuis plus d'un fiécle, la Charge de Procureur de Sa Majefté en la Capitainerie de Saint Germain en Laye a été exercée par des Titulaires d'une même Famille; foit que l'on veüille oppofer, que pour s'en tranfmettre l'exercice, les mêmes Titulaires ont pris la voye de la Réfignation, & payé les Droits aufquels les Offices Héréditaires font fujets; foit enfin qu'on fe fonde fur ce que cette Charge a longtems été poffédée par les pourvûs de la Charge de Procureur de Sa Majefté en la Maîtrife particuliere de Saint Germain; tous ces Faits, qui ne font que particuliers, ne fçauroient déroger aux Regles générales; ni à la maxime reçuë en matiere d'Offices, qu'un feul & même Poffeffeur de deux Charges qui ont l'une & l'autre une Nature diftinᾄe

& féparée, ne peut pas les dénaturer &
les incorporer par fon propre fait, en un
feul Corps d'Office Héréditaire : D'où
il réfulte que l'Hérédité étant incompatible avec les Charges de Capitaineries Royales, & que la Nomination
du Capitaine devant toujours précéder les Provifions de chaque Officier, il y a d'autant moins de difficulté de fe déterminer dans l'efpéce
préfente, qu'il ne s'agit que de fe
conformer au Droit Commun des Capitaineries Royales, Oui le Rapport.
LE ROY ETANT EN SON
CONSEIL, a ordonné & ordonne, que conformément à fes Ordonnances, Déclarations, & Reglemens
intervenus au fujet des Capitaineries
de fes Maifons Royales, le Sieur le
Grand ne pourra être pourvû de la
Charge de Procureur de Sa Majefté
en la Capitainerie des Chaffes de
Saint Germain eu Laye, qu'après

avoir pris la Nomination du Sieur
Maréchal de Noailles , fans que fous
quelque caufe & prétexte que ce foit,
ledit Sieur le Grand puiffe être obli-
gé de tenir à fa Famille aucun com-
pte de ladite Charge dans la Succef-
fion du feu Sieur fon Pere : Veut
Sa Majefté qu'à l'avenir , nul ne
puiffe être pourvû de ladite Charge , que fur la Nomination du Capitaine des Chaffes de ladite Capitainerie. F a i t au Confeil d'Etat du
Roi , Sa Majefté y étant , tenu à
Verfailles le onziéme Janvier mil
fept cens quarante - quatre.

Signé, P h e l y p e a u x,

IVme. DIVISION.

*Piéces Juftificatives des Privile-
ges des Officiers.*

SUR ce Chef on peut ouvrir le
Code des Commenfaux & le Code des Chaffes qui font abondans en
autorités en faveur de la Commenfalité & des Privileges y attachés.

Pour entrer dans un détail plus
particulier, s'offrent les Piéces qui
fuivent.

1°. L'Ordonnance du mois de Juin
1680. fur les Droits d'Entrées & d'Aydes, qui maintient (tit. 9. art. 4.)
*les Nobles ; Officiers des quatre Cours
de Paris ; Secretaires du Roi, Maifon & Couronne de France, & Officiers Commenfaux fervans actuelle-*

ment, dans le *Privilege de vendre en gros le Vin de leur crû, sans payer aucun autre Droit que celui d'augmentation.*

2°. L'Arrest suivant.

EXTRAIT des Regiftres du Confeil d'Eftat.

Du 28 Janvier 1685.

SA MAJESTE' étant informée que le Sieur Duc du Lude, Gouverneur & Capitaine de Saint Germain en Laye, a pour la plus grande sûreté de son Château, Chasses & Plaisirs, établi plusieurs Gardes demeurans tant dans ladite Capitainerie, que dans les Villages circonvoisins d'icelle, pour tenir la main à l'execution des Ordonnances & Reglemens faits par Sa Majesté, sur le fait des Chasses, particulierement celle du mois d'Août 1669. & gar-

der avec plus d'exactitude ladite Capitainerie dans fes confins & limites,
même les dehors d'icelle ; & pour empêcher que les Seigneurs & Gentils-
Hommes des Lieux circonvoifins ne
chaffent, fi ce n'eft à une lieüe d'étendüe de fes Plaifirs, conformément à
l'aricle **XI V.** de l'Ordonnance de
1669. & aufli pour empêcher que
lefdits Seigneurs & Gentils-Hommes
ne chaffent aux Chevreuils ou Bêtes
noires, fi ce n'eft à trois lieues de
diftance defdits Plaifirs, conformément à l'art. **XVI.** de la même Ordonnance : Que quoique lefdits Gardes foient du nombre de ceux em-
ployez fur l'Etat envoyé par Sa Majefté en fa Cour des Aydes, & que
par leur Création, & plufieurs Declarations, Sa Majefté leur ait accordé, les mêmes Privileges & Exemptions qu'au refte des Commenfaux

de Sa Maiſon, néanmoins Touſſaint
Midy l'un des Gardes, demeurant dans
la Paroiſſe de Groſlay, ne laiſſe pas
d'être tourmenté tant de la part des
Fermiers des Aydes, pour le payement
du gros du Vin de ſon crû, que
par les Habitans de ladite Paroiſſe
de Groſlay, où il eſt demeurant,
qui ſous prétexte que ledit Midy n'eſt
pas domicilié dans l'étendüe de ladite Capitainerie, l'impoſent aux Rolles des Tailles de ladite Paroiſſe,
même l'ont fait condamner par Sentence de l'Election de Paris du quin-
ze du preſent mois, de payer la ſomme à laquelle il a été impoſé, ſans
avoir égard audit Privilege ; ce qui
lui cauſe pluſieurs Procès, le con-
ſomme en frais, & le détourne de
faire le devoir de ſa Charge ; Deſi-
rant remédier à un tel abus, favo-
rablement traiter ledit Midy, & lui

donner moyen de continuer ſes Ser-
vices pour la garde & conſervation
de ſon Château , Chaſſes & Plaiſirs.
LE ROY ETANT EN SON
CONSEIL a ordonné & ordonne
que ledit Touſſaint Midy , Garde en
ladite Capitainerie de Saint Germain
en Laye , jouira en ladite qualité , des
Privileges & Franchiſes, Immunités &
Exemptions attribuées à ſadite Charge de Garde , nonobſtant qu'il faſſe
ſa réſidence audit Village de Groſlay ,
pourvû qu'il ſoit couché & employé
en ladite qualité ſur l'Etat des Officiers de ladite Capitainerie qui doivent jouir des Privileges , qu'il ne
tienne aucune Ferme ou Cabaret , &
ne faſſe autre Acte dérogeant. Fait
au Conſeil d'Etat du Roy, Sa Majeſté y étant , tenu à Verſailles le
ving-huitiéme Janvier mil ſix cens
quatre-vingt-cinq. Signé, PHELY-
PEAUX.

La

3°. La Declararion du 2.9 Octobre 1689. qui porte expreſſément (art. 4.) *que les Officiers & Gardes des Capitaineries des Chaſſes des Maiſons Royales ne joüiront d'aucuns Privileges, s'ils ne ſervent actuellement & ne font leur réſidence dans les Lieux de la Capitainerie, où ils auront Charge.*

D'où il ſuit qu'un Officier des Plaiſirs qui fait ſa réſidence & ſes fonctions dans une Capitainerie Royale, eſt au nombre *des Officiers Commenſaux ſervans actuellement.*

4°. L'Arrêt du Conſeil du 30 Juillet 1726. dont les principales diſpoſitions ſont rapportées dans le Corps du Mémoire. Cet Arrêt ordonne *que les Ordonnances, Edits & Déclarations des 20 Mars 1673, Juin 1680, &*

M

autres Reglemens donnés en faveur des Officiers Domestiques & Commensaux de sa Maison & des Maisons Royales, seront executés selon leur forme & teneur.

50. L'Arrest suivant.

ARREST

CONTRADICTOIRE

DE LA COUR

DES AYDES.

Qui maintient les Gardes de la Capitainerie de Saint Germain en Laye, dans l'Exemption du Gros.
Du 25. Août 1741.

LOUIS, par la Grace de Dieu, Roi de France & de Navarre : Au premier notre Huissier de notre

Cour des Aydes, ou autre notre
Huissier ou Sergent sur ce requis.
Sçavoir faisons qu'entre Jerôme Buard,
Garde à cheval en titre, de nos Plaisirs de la Capitainerie de Saint Germain en Laye, demeurant à Seve,
Appellant de la Sentence de l'Election de Paris, du vingt-trois Janvier
mil sept cens trente, d'une part ; &
Pierre Carlier, ci-devant Adjudicataire Général de nos Fermes-Unies,
Intimé d'autre part ; & encore entre
ledit Jerôme Buard esdites qualités,
Demandeur aux fins de la Commission du trois Juin dernier, suivant
l'Exploit du même jour, tendante à
fin de voir declarer commun avec le
Deffendeur cy-après nommé, l'Arrêt
qui interviendroit sur ledit Appel contre ledit Carlier, & procéder en outre sur les autres fins & conclusions
qui seroient prises contre lui d'une

M ij

part; & Jacques Forceville, Adjudicataire actuel, & Général des Aydes, & Fermes-Unies de France, Défendeur d'autre part; & entre ledit Buard efdites qualités, Demandeur en deux Requêtes, des cinq Juillet & dix-fept du prefent mois d'Août : La premiere, tendante à ce que faifant droit fur fondit Appel, l'Appellation, & ce dont eft Appel fuffent mis au néant, émendant Acte lui fût donné des Significations & Sommations qu'il a fait faire les 21 Novembre 1740. & 19 Janvier 1741. au Fermier auquel les Droits feroient dûs, ceffant fon Privilege : en conféquence, il foit ordonné que ledit Jacques Forceville efdits noms fera tenu de lui faire délivrer des Congés privilegiés pour la vente des Vins procédant de fon crû, aux offres y contenües de payer les Droits dûs par lefdits Privilegiés , finon que ledit Arrêt vaudra ordre, en vertu duquel le Buralifte du Domicile dudit Buard, fera contraint, même par corps, de lui délivrer les congés Privilegiés dont il aura befoin : & pour fon refus & le retard apporté à la délivrance des Vins vendus par ledit Buard ; ledit Forceville fût condamné en tels dommages intérêts qu'il plairoit à la Cour arbitrer ; & en tous les dépens des caufes principale, d'appel, & de ladite demande ; & la feconde, tendante à ce que faifant droit fur ledit appel, en conféquence de nos Edits & Déclarations, & Arrêts de notre Confeil y expliqués, les conclufions prifes par ledit Buard contre lefdits Carlier, & Forceville, leur foient adjugées avec dépens des Caufes principale, d'appel & demande, d'une part ; & lefdits Carlier & Forceville, efdites qualités

Défendeurs d'autre part ; & entre Jacques Lhomme, Pierre la Virpiere ,
Simon Durid, Clement Ribault, Jean
Beauvais, Etienne Roger , Clement
Laudron, François Conrade , Julien-
Pierre Forin, Pierre Fillette, Tho-
mas Jouanne , Jean Chapelle , Claude
d'Orange, & Jean-François Colas, enfemble Marie Gredin Veuve de Claude Dumont , tous Gardes de nos Plaifirs de la Capitainerie de Saint Germain, Démandeurs en Requête du
vingt-huit Juillet en la conteftation
pendante en notredite Cour entre ledit Buard & ledit Forceville, Acte
leur foit donné de leur Emploi du
contenu en ladite Requête , pour
moyens d'intervention , & y faifant
droit , il leur foit donné Acte des Significations & Sommations qu'ils ont
fait faire audit Forceville ; en conféquence il foit ordonné qu'icelui For-

ceville fera tenu de faire délivrer à tous les Intervenans des Congés Privilégiés, finon que le prefent Arrêt vaudra ordre , en vertu duquel les Buraliftes des Domiciles defdits Intervenans feront contraints même par corps de leur délivrer les Congés Privilégiés, dont ils auront befoin ; ce faifant, Forceville fût condamné en tels dommages interêts qu'il plairoit à la Cour arbitrer , & en tous les dépens d'une part ; & ledit Jacques Forceville efdits noms, Défendeur d'autre part, après que Doullet le Jeune, Avocat de Buard , Merlet Avocat des Intervenans, Guerin Avocat de Carlier & de Forceville, ont été oüis, enfemble de la Bedoyere , pour notre Procureur General , & que la caufe a été plaidée pendant deux Audiances. NOTREDITE COUR a reçu lefdites Parties de Merlet,

Parties Intervenantes, faisant droit sur leur intervention ; ayant aucunement égard aux Requêtes des Parties de Merlet & de Doullet le Jeune, au principal, faisant droit sur l'appel, a mis & met l'appellation, & ce dont a été appellé au néant, émendant, a déchargé ladite Partie de Doullet, des condamnations contre lui prononcées, ordonne que nos Edits & Déclarations seront executées selon leur forme & teneur, en conséquence a maintenu lesdites Parties de Doullet, & de Merlet, dans l'Exemption du Droit de Gros ; ordonne que ladite Partie de Guerin sera tenüe de donner des Congés Privilégiés ausdites Parties de Doullet & de Merlet, en payant par eux les Droits d'augmentation & autres Droits dûs par les Privilégiés, & en satisfaisant aux Reglemens. Sur le surplus des demandes, fins & conclusions

clusions des Parties, les a mises hors
de Cour & de Procès : Condamne ladite Partie de Guerin aux dépens, tant
des causes principale, que d'appel ,
même en ceux faits par lesdites Parties de Merlet. Si te mandons mettre
le present Arrêt à dûë & entiére exé-
cution ; de ce faire te donnons pouvoir. DONNE' à Paris, en la Premiere
Chambre de Notredite Cour des Aydes, le vingt-troisiéme jour d'Août,
l'an de grace mil sept cens quarante-
un, & de notre Régne le vingt-sixié-
me. Collationné. *Signé*, LE FRANC.

M

ICI

DOIVENT ESTRE PLACÉES

treize Cartes.

Pour tracer, décrire & figurer l'étendüe, la confiftence & les limites des treize Capitaineries Royales, réfervées par la Déclaration du 12 Octobre 1699.

1. Varenne du Louvre.
2. Bois de Boulogne.
3. Vincennes.
4. S. Germain en Laye.
5. Livry.
6. Fontainebleau.
7. Monceaux.
8. Compiegne.
9. Chambor.
10. Blois.
11. Halatte.
12. Corbeil.
13. Limours.